親が認知症になると「親の介護に親の財産が使えない」って本当ですか？

資産凍結される前に知っておきたい「家族信託」

司法書士法人ソレイユ代表
杉谷範子

大和出版

はじめに

本書を手にとってくださり、ありがとうございます。

この本のタイトルを見て、「子どもが親の通帳と印鑑を持っていけば、親が認知症でも銀行でお金を引き出せるのではないか？」とか、「書類と実印があれば、親の代理で不動産を売却して介護費用を工面できるのでは？」と思われた方も多いかもしれません。

たしかに、二〇年ほど前までは、子どもが親に代わってこうした手続きは比較的容易にできました。しかし、現在はまったく異なる状況になっています。

今の時代は「本人の意思確認」が非常に重視されるようになっており、親の財産を代理で処分することが難しくなっているのです。

認知症を患う高齢者が増加する中、私たちは親の財産管理や相続について早めに準備をしておく必要がありますが、多くの方は「そのときになれば何とかなるだろう」と考え、放置してしまうことが少なくありません。

また、認知症が進行した親を目の前にしても、「何から手をつけてよいのかわからない」という理由で行動に移せず、事態が深刻化してしまうこともあります。

しかも、介護を担う子ども世代は、親の介護だけではなく、自身の生活費や子どもの教育費、住宅ローンなどにも対応しなければならないという厳しい現実があります。親の介護費用をどうやって捻出するのか、さらには自分自身の生活をどう維持するのか、その両立に悩む人も多いでしょう。

ところで、内閣府の調査によれば、六〇歳以上の二人以上世帯では、平均的に約二四〇〇万円の貯蓄があるとされています。また、そのうち約二割の世帯は四〇〇〇万円以上の貯蓄を保有しており、高齢者世帯の多くは、持ち家と貯蓄の両方を持っていることがわかっています。これらの貯蓄の主な目的として、「普段の生活維持」と「万一の備え」が挙げられており、親世代は将来、子どもたちに迷惑をかけないようにしたいという意識が強いことがうかがえます。

しかし、親がどれだけしっかりと貯蓄をしていても、認知症などで判断能力を失ってしまった場合、子どもはその貯蓄を自由に引き出して使うことができなくなります。これは、銀行などが「本人の意思確認」を重視しているからです。こうなると、家族は大きな負担を抱えることになります。

また、親が亡くなった場合も、「財産の凍結」が問題となります。たとえば、父親が亡くなったときに、母親がすでに重い認知症を患っていた場合、遺産分割が進まず、遺産分けができず、母親の介護費用の捻出や相続税の支払いができなくなるリスクもあります。こうした「認知症による財産の凍結」は、決して他人事ではなく、誰にでも起こり得る問題です。

「成年後見制度」を利用すれば、凍結が解除され、後見人が財産を管理できますが、この制度にも多くの課題があり、国連からは制度の廃止を勧告されている状況で、今後の改正が議論されています。

私は、これまでNHK総合テレビの『あさイチ』や『クローズアップ現代＋』『ニュースウォッチ9』などの情報番組に出演し、認知症による資産凍結の問題とその予防策について訴えてきました。この問題を適切に理解し、早めに対策を講じないと、今後ますます困る家族が増えてしまうと強く感じているからです。

従来、認知症対策としては、贈与税を払ってでも子どもに財産を贈与することが主な手段でしたが、二〇〇六年に信託法が改正され、「家族信託」という新しい仕組みが誕生しました。これにより、親の財産を子どもの名義に「信託」という方法で変更し、親のためにその財産を管理し、認知症対策と相続対策を同時に行うことができるようになりました。この家族信託は、信託銀行が行う信託とは異なり、より柔軟で親しみやすい制度です。

私は、「日本の三つのモッタイナイ」を解消したいと考えています。

一つ目は、認知症高齢者の財産が凍結されて使えなくなること、二つ目は、全国に増え続ける空き家の問題、三つ目は、介護や相続をめぐって家族が対立し、関係が壊れてしまうことです。

本書では、この「三つのモッタイナイ」をなくすために、家族信託や関連制度について、できるだけわかりやすく解説し、皆様の将来の安心をサポートしたいと思います。

制度を活用することで、「親の財産を親の老後のために使える」ようになることを、心より願っております。

司法書士法人ソレイユ代表　杉谷範子

ピンポーン
お義母さん
由紀子です
お留守ですか～？
しーーん
……
開いてる…
ガチャ
入りますよ～
そろ～～り
ビクッ

あら由紀子さん
来てたのね
ボ〜…
よかった！
ご近所に用が
あって寄らせて
もらいました
うれしいわ…
今
お茶でも
いれるわね
よいしょ
ああ
お茶なら
私がいれます
ガチャ
ボロ
えっ!?

お…お義母さんキッチンどうしたんですか!?
ああそれね
この間お鍋の火を止め忘れてボヤを出しちゃって
ご近所の人が気づいてくれたから大事にならなかったけど
お父さんが死んでからボーっとすることが多くて
もう歳ねえ…
……
お義母さん一度病院で診てもらいましょうか…

義母は診断の結果
認知症であることが
判明しました
このまま
一人にして
おくのも
心配なので
しぶる本人を
説得して
施設に入って
もらいました
1年後──
オフクロ
オレだよ
孝明だよ
わかる？
…………
孝明さんと
おっしゃるの？
ご親切に
ありがとう
ございます

オフクロの認知症進んだな
そうね
施設に入ってくれて一安心だけど
こんなにお金がかかると思ってなかったわ…
実家はどうするの？空き家のまま放置してるけど…
う〜ん…
家を売るのは最後の手段だろ
ここはどこなの？
家にいつ帰れるの？
オフクロが心のよりどころにしてるし
でも…毎月15万円ずつ赤字になっているのよ
このペースじゃすぐ貯金が尽きるわ
……
査定だけでもしてみるか…

買取
売却
不動産
ご実家の名義が お母さまで
認知症に なられている と…
はい
それは非常に 厳しい状況ですね…
でもオフクロは 体は元気だし
私が実の息子で あることも 証明できます
それはそうですが 意思能力を 喪失した方は ご自身で不動産を 売買できないのです
そんな バカな

本人が自分の家を売れないなんて!!
それじゃ私たちはどうすればいいんですか!?
そう言われましても…
親父が死んだときオフクロをうちに連れてくればよかったんだ!!
それをおまえが自分の両親の世話もあるから面倒見れないとか言って
オフクロを一人ぼっちにしたから急に認知症が進んだんだろ!
私のせいにする気?
あなたが頻繁に実家に顔を出していればいい話でしょ!?
そもそも家の名義を変更したときあなたの名前にしておけばよかったのよ!

それを相続税が安く済むからってお義母さんの名義にしたのはあなたでしょ!?

あの時はそれがいいと思ったんだよ!!

まさかこんなことになるなんて思わないだろ!!

どうすればいいの…

親が認知症になると介護のためでも親の財産を使えない…

家のローンもあるし子どもだってこれからお金がかかるのに…

もっと早く気付いていて準備をしていれば私たち家族はこんなに苦しまなかったのでしょうか？

第一章

認知症になると財産が凍結されるって本当？

第二章

財産を凍らせない二つの方法

第三章

家族信託なら本人のために家族が財産を管理できる

目次

第四章

もめごとに発展させない！親やきょうだいへの切り出し方

第五章

親が認知症になっても財産対策をあきらめないで

※本書に登場する例は、内容理解のためにいくつかの事例をミックスして作成してあります。事例の登場人物はすべて仮名です。
※本書は、２０１８年に小社より刊行した『認知症の親の介護に困らない「家族信託」の本』を改題、一部再編集したものです。

＼ スタッフ ／

本文デザイン／酒井一恵
マンガ／あいかさくら
マンガ構成／稲川久実
イラスト／須山奈津希
校正／渡邉郁夫
構成／岡田仁志
編集協力／オフィス２０１

第一章

認知症になると財産が凍結されるって本当？

●財産は家族ではなく本人のもの

子や孫たちが幸福に暮らせるよう、自分の大切な財産をしっかりと残したい――「高齢者」と呼ばれる年代を迎えると、多くの人々がそんな気持ちになるものです。

もちろんこれは、莫大な資産を持つ富裕層だけの話ではありません。長年にわたって、慎ましい暮らしをしながらコツコツと蓄えてきた預貯金などを次の世代の子や孫に有効に使ってほしいと願うのは、誰にとっても同じでしょう。

ところが近年は、財産の管理や承継をめぐるトラブルや悩みを抱える人が増えてきました。流れが変わり始めたのは、十数年ほど前のこと。それまで、相続対策といえば、税理士に持ち込まれる「相続税」に関することが大半でした。いかに上手に節税するのかがいちばんのテーマだったのです。

しかし今は、それ以外にも大きなテーマが二つあります。

ひとつは、いわゆる「争族対策」。遺産相続をめぐる親族間のもめごとは昔からありましたが、近年はそれがかなり増えてきました。

その背景には、弁護士の増加という社会変化もあるでしょう。昔とくらべると、「相続のご相談を無料で受け付けます」と宣伝する法律事務所が多くなりました。相続がらみの案件は、目の前に現に存在する遺産をどう分配するかという話です。相手に支払い能力があるかどうかわからない損害賠償請求の案件などとくらべると、弁護士にとって「確実に稼げる仕事」だといえるでしょう。そのため、相続問題をセールスポイントとしてアピールする法律事務所が多くなったのです。

でも、それだけが原因ではありません。人々の権利意識が昔より高まったことも、この案件が増えた大きな要因だと思います。

かつての日本社会は長男が家督を継承するのが当たり前とされていました。法的には相続の権利がある親族であっても、それを表立って要求するのがためらわれました。しかし今は、伝統的な「家制度」に対する感覚が薄れてきたこともあり、それぞれの親族が個人の権利をしっかりと主張するようになってきたのです。

ただし、これは勘違いしている人も多いのですが、相続財産をどう分配するかを決める権利を持っているのは、第一にその財産を所有する本人であって、相続人ではありません。本人が分配方法を遺言《ゆいごん》で明らかにしていれば、法的にはそれが尊重されます。

法律の出番は、遺言がなかったときのこと。亡くなった本人が遺言の形で意思表示をしていない場合、たとえば遺族が長男と次男の二人なら、二分の一ずつ相続することになると、法で定めているのです（遺言があっても、相続人には遺産の一部を請求できる「遺留分《いりゅうぶん》」というものもありますが、それについては後ほど説明します）。

最初からやや専門的な話をしてしまいましたが、ここで**大事なのは、「財産は相続する予定の人のものではなく、あくまでも所有者個人のもの」だということ**。基本的に、子は親の財産に対する権利など持っていません。これは次の話にも関わってきますので、しっかりと認識しておいてください。

●認知症になると財産が「凍結」される

さて、もうひとつ「争族対策」と並んで増えている問題が、本書のテーマ、**「認知症対策」**です。

相続対策は、本人が死んだ後に財産をどうするかという問題です。生前に対策は講じておくにしても、財産が親族のものになるのは死後のこと。それに対して、この認知症対策では、本人がまだ生きているあいだに「この財産をどうするか」という問題が生じます。

というのも、**本人が重い認知症などによって判断能力を失った場合、預貯金や不動産などの財産が「凍結」されてしまう可能性があるのです**。つまり、誰もそれを使ったり動かしたりすることができない状態になる。

これは一体、どういうことでしょうか。

まずは、実際にあった具体的な事例を紹介しましょう。

東京都内のA子さん（四八歳）は、夫と二人の息子（高校生と中学生）との四人暮らしです。ある日、A子さんの母親が認知症の診断を受けました。かなり症状が進行しており、介護が必要です。しかしA子さんの父親も高齢で、家族による介護には限界があるので、母親は介護施設に入所することになりました。

ところが悪いことは重なるもので、今度はA子さんの父親が病気で倒れて入院。母親の介護施設代と父親の入院費用はどちらも月二〇万円ほどかかります。両親の年金収入だけでは、とてもまかなえません。

そこでA子さんは夫と相談した結果、両親の住んでいる実家を売ることにしました。それでお金を工面して、退院後は父親を自分の家に引き取ろうと考えたのです。

しかし、そこで思わぬ壁に直面しました。司法書士に相談したところ、「その実家は売ることができない」というのです。

というのも、実家の土地は両親の共有名義。所有権は父親が九割、母親が一割ですが、その比率がどうであれ、所有者がひとりでも自分で判断する能力を失っていると、その土地を勝手に処分することは許されないのです。

これが、**「認知症による財産の凍結」**です。実家を売却できないA子さん一家は、自分たちの預金を取り崩して両親の介護費用や入院費用を払わざるを得なくなりました。住宅ローンもまだ残っていますし、これから二人の息子を大学に行かせなければならないのですから、この負担は相当に重いでしょう。

A子さんは、つい「母が早く死んでしまえばいいのに……」と思うようになってしまったとのこと。何とも切ない話ですが、お金のことを考えると、A子さんを責める気持ちにはなれません。母親が亡くなれば、土地の所有権はA子さんをはじめとする親族が相続しますから、九割の所有権を持つ父親と一割の所有権を持つ親族の判断で売ることができるわけです。

●「注意義務違反」での訴訟を避けたい銀行側の事情

こうした**判断能力の喪失によって財産が凍結されるのは、本人が認知症になったときだけとはかぎりません**。要はコミュニケーションが取れず、本人の意思が確認できないことが凍結される理由ですから、病気で倒れて意識のない状態になっても、当然、同じことになってしまいます。

たとえば、B子さん（四五歳）の母親のケースがそうでした。

夜中に脳卒中で倒れて救急搬送され、一命はとりとめたものの、意識は戻りません。入院や治療にまとまったお金がかかりそうなので、B子さんは母親の通帳と印鑑を持って銀行に駆け込みました。

ところが、窓口で一〇〇万円を引き出そうとしたところ、行員が、「こちらの通帳のご名義のご本人様ですか？」と聞きます。

「いいえ、これは母の通帳です」

「それでは、ご本人様にいらしていただきたいのですが」

「母は入院しているので、私が代わりに来たんです」

「お電話で、お母さまのご意思を確認することは？」

「まだ意識がないので、話ができるような状態ではないんです」

ここまで説明すれば行員も納得して、預金を引き出してくれるだろうとB子さんは思いました。でも、行員の言葉は思ってもみないものでした。

「では、このお通帳の口座はお母さまがお元気になられるまでロックさせていただきます」

口座にロック（鍵）をかける、つまり、預金を凍結するということです。B子さんは母親からキャッシュカードの暗証番号も教えられていましたが、すべての取引が停止されると、それも使えません。

しかも、その口座からは実家の光熱費や固定資産税なども自動引き落としになっていました。「すべての取引」が停止されると、それも止まってしまいます。B子さんが自分のお金で振り込みをするしかありません。入院費や治療費を含めて、何から何まで母親のお金は使えず、すべて娘のB子さんが負担することになってしまったのです。

「そんなバカな⁉」と、ビックリした人も多いでしょう。十数年前までは、どこの銀行も通帳と印鑑さえあれば本人でなくとも預金を引き出すことができました。

しかし、今は違います。「犯罪による収益の移転防止に関する法律」で、「一〇〇万円を超える現金振込」や「二〇〇万円を超える現金などの入出金取引」など、一定の取引についてては、本人確認書類の提示や、取引の目的、職業などの確認が必要になりました。さらに現金で二〇〇万円を超えなくても、「本人の意思確認」が徹底されているため、簡単にはおろせなくなっているのです。

ですから、B子さんに対する銀行窓口の対応は、決して間違っていません。むしろ、電話で本人の意思確認をしようとした点では、詐欺による被害が拡大しているこのご時世、親切だとさえいえるでしょう。銀行によっては電話での意思確認は許さず、あくまでも本人の来店を求めるところもあります。

もちろん、逆にここよりもロックの基準が甘い銀行もあるでしょう。本人確認のルールをどの程度まで厳格に運用するかは、各銀行がそれぞれ独自の責任で決めています。同じ銀行でも支店によって微妙に違うこともあるでしょうし、顧客や、払い出す金額によっても判断は変わるでしょう。

いずれにしろ、銀行は銀行で責任がありますから、顧客を守るために、慎重に行動する必要があります。親の預金を引き出せずに困っている人を気の毒に思う気持ちもあるでしょうが、本人の意思確認をせずに引き出しを認めれば、後でどんなトラブルが起こるかわかりません。実際、本人以外の親族が勝手に預金を引き出したことで、本人が銀行を「注意義務違反」で訴え、損害賠償請求裁判を起こすケースもあります。

あるいは、本人の死後に遺産をめぐる「争族」問題が起きた場合、生前に親の預金を引き出していた人が兄弟姉妹などから「おまえは勝手にお母さんの預金を使っただろう」と問題にされることもあり得るでしょう。その場合も、本人確認をしなかった銀行が注意義務違反を問われる可能性があります。勝手に引き出した人を相手にするより、銀行を相手に裁判を起こしたほうが、勝訴したときに損害賠償金を取りやすいからです。

そのような訴訟リスクを避ける上で、B子さんの母親の預金を凍結した銀行の判断は妥当だといわざるを得ないでしょう。

●親の介護に親の財産を使えない

とはいえ、A子さんにしてもB子さんにしても、親のための介護費用や入院費用などを親自身のお金でまかなえないのは困ったことです。誰にとっても、これと同じことがいつ起こるかわかりません。

親が認知症になって介護施設のお世話になる場合、毎月の費用はかなりの金額になります。月に二〇万円の施設費がかかるとすれば、年間二四〇万円。それが四～五年も続けば、一〇〇〇万円ぐらいのお金は簡単に吹き飛びます。親が認知症になるぐらいの年代だと、まだ住宅ローンや子どもの教育費がかかる人も多いでしょうから、親のお金なしでやっていくのは容易なことではありません。

親自身にとっても、それは本意ではない場合が多いでしょう。認知症になる前は「いざというときはこの預金を使ってもらおう」と思って蓄えている人も大勢いるはずです。それを自分のために使えず、子どもの家計に負担をかけるのは、不本意としかいいようがありません。

しかし前にもお話ししたとおり、財産は「個人」のもの。実際には家族みんなで使っていたとしても、法的な所有権は本人にしかありません。認知症などで判断能力を失えば、他人が勝手に動かせないのもやむを得ません。ここであらためて、認知症になったとき財産にどんなことが起きるのかをまとめておきます。

・**銀行の預金口座**……窓口に行くことが必要な取引は一切できません。キャッシュカードでの引き出しは可能かもしれませんが、法的には問題があり、相続後にほかの相続人から損害賠償請求をされる可能性があり得ます。

・**本人名義、あるいは共有名義の自宅（土地・建物・マンションなど）**……建て替え、売却、賃貸などができなくなります。

・**経営する会社の大多数の株式を保有している場合**……株主総会が開催できず、新社長への交代もできないので、経営が暗礁に乗り上げます。

・**賃貸アパートなどの収益不動産**……店子さんとの契約更新ができなくなったり、大規模修繕のための融資が受けられなくなったりします。

・**上場株式など換金価値の高い財産**……解約などの売却処分ができません。

キャッシュカードの利用について、ひとつ補足しておきましょう。親が元気なときに子どもを代理人として、キャッシュカードの暗証番号を教えていれば、ＡＴＭでとりあえず預金を引き出すことはできます。

しかし今の銀行は、高齢者を狙った詐欺事件が多いこともあって、キャッシュカードの不自然な利用にも目を光らせるようになりました。たとえば、一日の限度額を連日キャッシュカードで引き出していたら、ある日突然、ＡＴＭが支払い停止になり、「窓口にお越しください」というメッセージが表示された――そんな話を聞いたこともあります。

預金者保護のため、金融機関は内部で出入金のモニタリングをしており、通常と異なる取引が続くと、とりあえず預金を凍結するのです。

そうでなくても、キャッシュカードを紛失したり、突然の磁気不良で使えなくなったりすることもあります。

すると、結局手続きが必要となり、「ご本人様ですか？」から始まるやり取りを窓口でやることになってしまいます。

ともあれ、親が認知症になってしまうと、先ほど列挙したような不都合が、本人が亡くなるまでずっと続くことになります。

ちなみに、二〇一五年の時点で、六五歳以上の高齢者に占める認知症患者の割合は、約一六％。一方、日本人の平均寿命は男性が約八一歳、女性が約八七歳です。一〇年も二〇年も、親の財産が凍結されたままその面倒をみることになったら、家計が破綻してしまうという人も多いのではないでしょうか。

いわゆる「健康寿命」と「平均寿命」の差が小さかった時代なら、財産の凍結はさほど大きな社会問題にはならなかったでしょう。**認知症になってからも多くの人が長生きする時代だからこそ、これは誰にとっても人ごとではない深刻な問題なのです。**

●判断能力が不十分な人を保護する「成年後見制度」とは

では、どうすればいいのか。凍結された財産を「解凍」することが絶対にできないかといえば、決してそんなことはありません。認知症や精神障害などで判断能力が不十分になった人を法律面や生活面で保護する仕組みがあります。

それが、二〇〇〇年（平成一二年）に施行された「成年後見制度《せいねんこうけんせいど》」です。本人に代わって判断をする「成年後見人《せいねんこうけんにん》」を立てることによって支援する制度です。

それ以前にも、似たような仕組みはありました。民法の「禁治産《きんちさん》」「準禁治産《じゅんきんちさん》」の規定によって、判断能力が不十分な人の財産を保護することはできたのです。しかしこれは、本人の社会生活がひどく不自由になる制度で、「禁治産者《きんちさんしゃ》」という言葉の印象もよくありません。また、禁治産宣告を申し立てるには数十万円もの鑑定費用がかかることもあって、あまり積極的に利用されませんでした。

しかし社会の高齢化が進み、財産の管理ができない人や契約を結べない人が増えてきたことにより、より利用しやすい制度が必要とされ、できたのが成年後見制度なのです。かつての制度では、禁治産者や準禁治産者の戸籍への記載や官報公告が義務づけられており、それも利用しにくい要因でしたが、新しい成年後見制度ではそれも廃止されました。

成年後見制度に基づく**後見人がいれば、本人に意思確認ができなくても、凍結され**

（表1-1）法定後見は3種類

	後見	保佐	補助
対象となる方	判断能力が欠けているのが通常の状態の方	判断能力が著しく不十分な方	判断能力が不十分な方
申立てをすることができる人	本人、配偶者、四親等内の親族、検察官、市町村長など（注1）		
成年後見人等（成年後見人・保佐人・補助人）の同意が必要な行為		民法13条1項所定の行為（注2）（注3）（注4）	申立ての範囲内で家庭裁判所が審判で定める「特定の法律行為」（民法13条1項所定の行為の一部）
取消しが可能な行為	日常生活に関する行為以外の行為	同上（注2）（注3）（注4）	同上（注2）（注4）
成年後見人等に与えられる代理権の範囲	財産に関するすべての法律行為	申立ての範囲内で家庭裁判所が審判で定める「特定の法律行為」（注1）	
制度を利用した場合の資格などの制限	株式会社の取締役等（注5）（注6）		

（注1）本人以外の者の申立てにより、保佐人に代理権を与える審判をする場合、本人の同意が必要になります。補助開始の審判や補助人に同意権・代理権を与える審判をする場合も同じです。
（注2）民法13条1項で、借金、訴訟行為、相続の承認・放棄、新築・改築・増築などの行為が挙げられています。
（注3）家庭裁判所の審判により、民法13条1項の所定の行為以外についても、同意権・取消権の範囲とすることができます。
（注4）日用品の購入など、日常生活に関する行為は除かれます。
（注5）これまで、各種の法律において、本制度を利用することにより、医師、税理士等の資格や公務員等の地位を失うなど、本人の権利を制限する規定が定められていましたが、令和元年に「成年被後見人等の権利の制限に係る措置の適正化等を図るための関係法律の整備に関する法律」が成立し、上記権利を制限する規定は削除されました。
（注6）令和元年に「会社法の一部を改正する法律」等が成立し、成年被後見人及び被保佐人も株式会社の取締役に就任できることとなりました。もっとも、取締役等は、その資質や能力等も踏まえて株主総会で選任されるため、取締役等への就任後に判断能力が低下して後見開始の審判を受けた場合には、一旦はその地位を失うこととされており、再び取締役等に就任するためには、改めて株主総会の決議等の所定の手続を経る必要があります。

参考：「成年後見制度の現状」（令和6年4月）内閣府

た銀行口座を「解凍」したり、不動産の処分をしたりすることなどが可能になります。

後見人が手続きをすれば、法的には何の問題もありません。

後見人には、**裁判所が選ぶ「法定後見人《ほうていこうけんにん》」と、本人が選ぶ「任意後見人《にんいこうけんにん》」**の二種類があるのですが、今はまず前者の話をしましょう。**すでに本人の判断力が不十分な段階では、任意後見人を選ぶことができず、法定後見人をつける以外に方法がないからです。**

法定後見の詳細については、別表（表1－1）にまとめました。補助、保佐、後見の順に判断能力低下の度合いが深刻になると思ってもらえばいいでしょう。

●親族の「使い込み」を防ぐため専門家が後見人に

ちなみに、判断力が未熟な未成年の場合は、親（親権を持つ人）が代理人としていろいろなことを判断します。ならば、親の判断力が低下したときは子が代理人になるのが自然だと思う人もいるでしょう。

実際、成年後見制度が始まった当初は、配偶者や子などの親族が法定後見人になるケースが七〜八割を占めていました。でも、今は違います。裁判所は弁護士や司法書士など親族以外の専門家を後見人として選任するケースが多くなり、親族の割合は二〇%を下回っています。

その理由は、法定後見人となった親族の「使い込み」があまりに多いことです。**財産はあくまでも本人のものであり、成年後見制度は本人の権利を守ることが目的。所有権が移転したわけではないのです。後見人になったからといって、その財産を自由に使ってよいわけではありません**。

先ほどのA子さんやB子さんの場合、親の介護や入院の費用にするのが目的ですから、自分のために勝手に使うことはないだろうと思います。でも、たとえば以前から夫の預金を自由に使っていた妻が後見人になったら、どうでしょう。長年の習慣から、夫が認知症になってからも自分のために使い続けるかもしれません。

子が後見人になった場合も、自分や自分の家族のために使うことは十分にあり得ます。子どもの教育費がかさんで家計が苦しくなれば、「認知症になっていなければ、きっと孫のためにお金を出してくれたはずだ」などと考えて、親の預金を使うのではないでしょうか。「とりあえずちょっと貸してもらって、後で返せばいい」と考えることもあると思います。

世間の常識的な感覚からすれば、「それぐらいいいだろう」と許せる範囲かもしれません。しかし後見人は本人の財産を守るのが役目ですから、法的にみれば、これはいずれも「使い込み」で、犯罪になります。

そういう使い込みが発覚したときに責任を問われるのは、使い込んだ後見人だけではありません。法定後見人を選んだ裁判所にも責任があります。

たとえば、認知症になった人の長男を後見人に選び、その長男が数年間にわたって何千万円もの使い込みをしたとしましょう。

本人が亡くなった後、遺産が思ったより少ないことに気づいた次男や長女などの相続人が、裁判を起こす可能性があります。

その場合、訴えられるのは後見人だけではありません。長男に損害賠償請求をしても、お金はもう使ってしまっているので、損害が回復されることはないでしょう。そこで原告側としては、長男を訴えるのに加えて、国家賠償請求訴訟を起こします。使い込みをするような後見人を選んだのは国（裁判所）ですし、裁判所には後見人の報告を受けて財産の管理状況をチェックする注意義務があるので、何年間にもわたって使い込みを放置していたとなれば、責任を問われても仕方ありません。

そのような国家賠償請求訴訟で国側が負けることは、かつてはほとんどありませんでした。しかし近年は、国家賠償が認められることも少なくありません。そうなると、裁判所としても後見人の選任を慎重にやらざるを得ないでしょう。

その結果、今は弁護士や司法書士などの専門家が後見人に選ばれることが多くなりました。専門家が使い込みをすることもありますが、親族による使い込みよりははるかに少ないので、国家賠償訴訟を避けたい裁判所としては、そちらのほうが「安全」なのです。

財産が少なければ親族が選ばれることもありますが、預貯金が五〇〇〇万円から一〇〇〇万円程度であれば専門家が後見人に選ばれるといわれています。家族が「凍結を

（表1-2）家族が後見人に選ばれるとはかぎらない

次のような場合は、成年後見人等になることができません。

- □未成年者
- □成年後見人等を解任された人
- □破産者で復権していない人
- □本人に対して訴訟をしたことがある人、その配偶者又は親子
- □行方不明の人

次のような場合は、候補者以外の専門家や成年後見監督人等が選任される可能性があります。

- □親族間に意見の対立がある場合
- □預貯金や有価証券の額や種類が多い場合
- □不動産の売買や生命保険金の受領など、申立ての動機となった課題が重大な法律行為である場合
- □遺産分割協議で本人の代理をしてもらう場合
- □従前、後見人等候補者と本人との関係が疎遠であった場合
- □賃料収入など、年によっては大きな変動が予想される財産を保有するため、定期的な収入状況を確認する必要がある場合
- □後見人等候補者と本人との生活費等が十分に分離されていない場合
- □後見人等候補者が自己または自己の親族のために本人の財産を利用（担保提供を含む）し、または利用する予定がある場合
- □後見人等候補者が健康上の問題や多忙などで適正な後見等の事務を行えない、または行うことが難しい場合
- □本人の財産状況が不明確であり、専門職による調査を要する場合　など

参考：「成年後見・保佐・補助申立の手引」（令和２年４月）東京家庭裁判所後見センター

解除したい」と思う場合、それぐらいの財産はあるでしょう。

申立て時の候補者（おもに親族）以外の専門家が後見人や後見監督人《こうけんかんとくにん》（後述）に選任される詳しい条件については、別表（表1－2）にまとめました。これをみると、親族が法定後見人になるのはかなり難しいとわかると思います。

●法定後見人は財産凍結の第二段階

先ほど私は、法定後見人を立てれば凍結された財産を「解凍」できるといいました。たしかに、後見人が要求すれば銀行は口座の凍結を解除しますし、不動産の売却なども可能になります。

しかし**後見人が選ばれても、親族が財産を思いどおりに使えるわけではありません。**じつのところ、これは親族にとって、むしろ**「凍結の第二段階」**だと思ったほうがいいでしょう。

何度もくり返すように、後見人の役割は本人の財産を守ることであって、親族のために便宜を図ることではありません。そして、弁護士や司法書士などの専門家は親族にとって赤の他人。親族としては、見ず知らずの他人に財布を握られることになるわけです。

じつは、前に紹介したB子さんも、母親の銀行預金が凍結されて困ったために、自分で裁判所に成年後見人の申立てをしました。B子さんにしてみれば、親の面倒をみる自分が後見人になるものと思い込んでいたことでしょう。

ところが、申立て時の裁判所での面談で、後見人は裁判官が選ぶためB子さんが後見人になることは難しいといわれてしまいました。また、一度申立てをしたら取り下げるのはかなり難しいこともわかりました。

そして、六ヵ月も待ってようやく届いた裁判所からの連絡をみると、見ず知らずの司法書士が後見人に選任されていました。後見人が誰であれ、凍結された財産を動かせるなら問題ないだろう——そう思ったB子さんは、後見人になった司法書士に面会して、さっそく母親の銀行預金を引き出してくれるようお願いしました。

ところが司法書士は、こんなことをいいます。

「まずはお母さまの預金通帳や権利証、キャッシュカードなどを私に引き渡してください。今後は私がずっと管理しますので、ご安心ください」

後見人は、単に代理人として預金をおろしてくれる人だとしか思っていなかったB子さんは、「ご安心を」という相手の言葉とは裏腹に、不安になってしまいました。後見人が「ずっと管理する」ということは、母親の預金が自分から遠ざけられたようなものです。

さらに司法書士はこう続けました。

「お母さまがお元気になって意識が回復するか、残念ながらお亡くなりになるまで、私の後見人としての仕事は続きます。毎年の報酬は、裁判所が決めた額をお預かりした通帳の口座からいただくことになります」

裁判所が選ぶのだから無料だとばかり思っていたB子さんは、報酬を払うと知ってビックリしてしまいました。でも、専門家は仕事として引き受けているので、報酬が発生するのは当然です。もちろん、個人の私的財産を守るための制度ですから、国がそれを負担してくれることはありません。

報酬の額はケース・バイ・ケースですが、たとえば東京家庭裁判所が選んだ後見人の場合、通常の事務に対する基本報酬額は毎月二万円。年間二四万円の計算になりますが、実際は「通常の事務」以外の業務がいろいろと発生するので、それだけで済むことはまずありません。

たとえば管理する財産が多いと管理業務も複雑になるので、それだけで後見人の報酬は上がります。財産が一〇〇〇万～五〇〇〇万円あれば月額三～四万円、財産が五〇〇〇万円超なら月額五～六万円程度。「赤の他人」に親の財産を管理された上に、その財産がどんどん目減りしていくわけです。

地方によっても、報酬は異なります。後見人を引き受ける専門家の少ない地方ほど、高額になる傾向があるのです。たとえば東北のある地方では、(財産の額は不明ですが)毎月二〇万円もの報酬を払うケースもあると聞きました。別の地方では、管理する財産が四〇〇〇万円程度なのに、毎月八万円の報酬を取られている人もいます。四〇〇〇万円の財産が年間一〇〇万円近いペースで減っていくのですが、後見人は家族には通帳の明細を教える義務はないので、家族としては気が気ではないでしょう。

また、たとえ運よく親族が法定後見人に選ばれたとしても、その場合は裁判所が「後見監督人」をつけることがあります。「使い込み」のリスクが高い親族は、やはり信頼度が低いので、後見人が不届きなことをしていないかどうかを専門家の監督人がチェックするわけです。

そして、この後見監督人にも報酬を払わなければいけません。

また、後見監督人をつける代わりに「後見制度支援信託《こうけんせいどしえんしんたく》」という制度を使うように裁判所からいわれることもあります。

これは、日常的に使う金銭を手元に置き、通常使わない金銭を信託銀行等に預ける（信託する）仕組みです。

この制度では、裁判所の指示書がないと払い戻しができません。そのうえ、親族が後見人になれても、信託契約の手続きをした専門家や銀行に支払う報酬も発生してしまいます。

●保険金受取に後見人が必要なことも

とはいえ、認知症などで凍結された財産を動かそうと思ったら、法定後見人をつける以外に手立てはありません。二〇二三年（令和五年）に発表された調査資料（別表1－3）によると、**法定後見人の申立てをする動機のうちもっとも多いのは「預貯金等の管理・解約」**です。B子さんのケースは、まさに典型例といえるでしょう。

次に多い「身上監護」とは、身寄りのない人が施設に入るときなどに後見人が必要になるという話なので、面倒をみる親族がいるケースとは関係ありません。その次に多い「介護保険契約」も同じ。後見人が必要なのは身寄りのない人の場合が多く、家族がいれば本人の代わりに介護保険の契約はできます。

「不動産の処分」は、前出のA子さんのように所有者の意思が必ず必要なケース。**「相続手続」は、遺産の相続人が認知症だったときに、遺産分割協議でハンコを押すために後見人が必要になる**ということです。たとえば夫が遺言なしで亡くなった場合、遺族が遺産分割協議を行いますが、そのなかにひとりでも判断能力のない人がいると（た

（表1-3）成年後見制度のおもな申立ての動機別件数（令和5年）

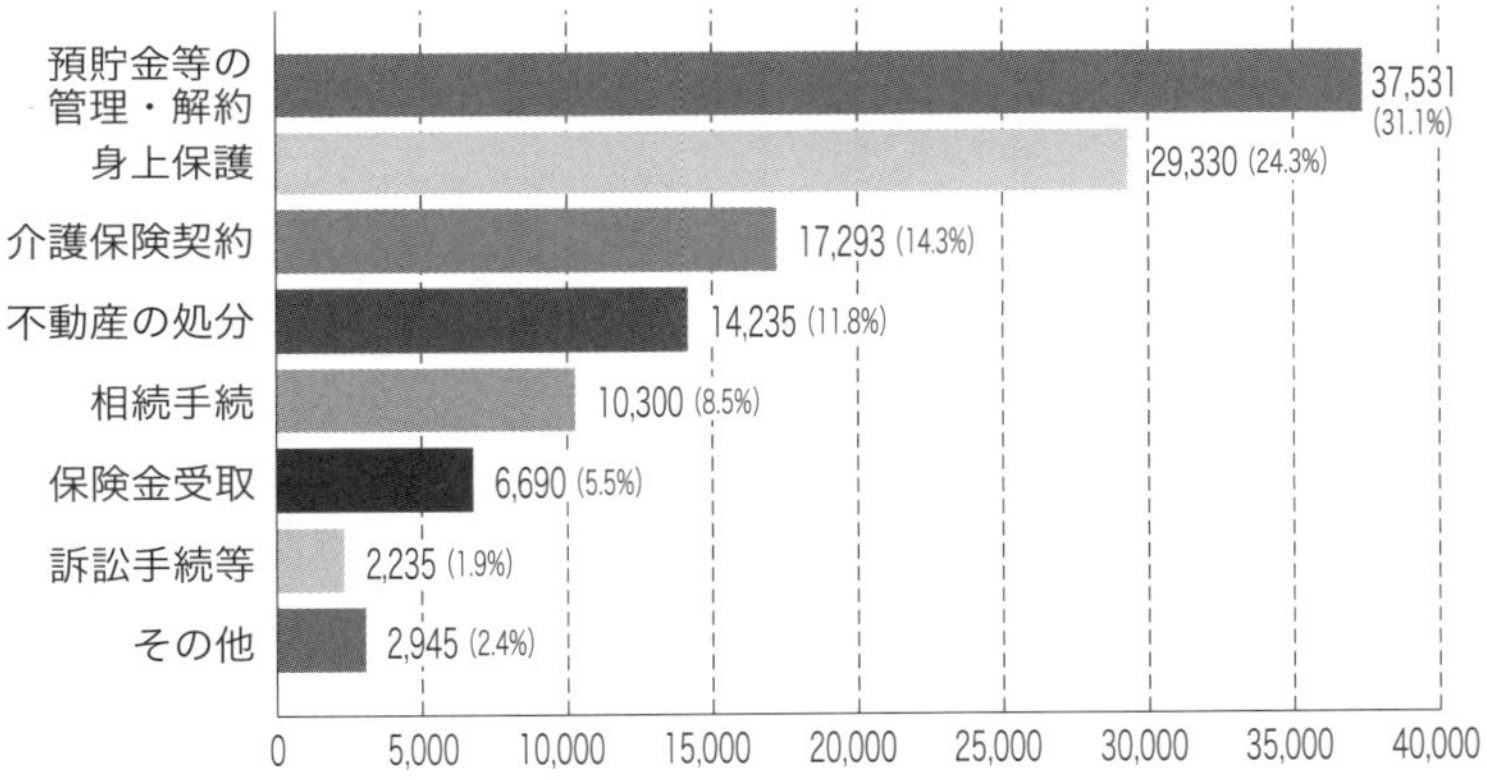

（注）後見開始、保佐開始、補助開始及び任意後見監督人選任事件の終局事件を対象としている。　資料：最高裁判所「成年後見関係事件の概況―令和5年1月～12月―」

とえば妻が重い認知症だと）、何も決められません。そのため、遺産分けのために必要になる場合があります。

　意外に思われそうなのは、「保険金受取」でしょう。たとえば夫が亡くなれば、受取人である妻に保険金が自動的に支払われるような気がしますが、じつはそうではありません。保険会社への請求書に、受取人が署名捺印をする必要があります。そのとき受取人の妻に判断能力がないと、後見人が代わりに手続きをしなければなりません。

　実際には、保険会社もそんなに厳格な運用はせず、ほかの親族が代筆しても黙認するとは思います。だから「保険金受取」を動機とする申立ては「預貯金の管理・解約」の一割程度しかないのでしょうが、ほかに身寄りのないときなど、どうしても後見人が必要になることも少なからずあるのです。面倒を避けるには、早めに保険金の受取人を配偶者から子に切り替えておいたほうがよいでしょう。

くり返すようですが、**一度後見人をつけたら、遺産分けや保険金の受取が終わった後も、原則、本人が亡くなるまで外すことはできません**。その間、後見人の費用はずっとかかってしまいます。

●「赤の他人に土足で家の中を踏み荒らされる」ようなストレス

それ以外に手立てがないとはいえ、赤の他人に財産を管理されると、家族にはさまざまな不都合やストレスが生じます。申立てのために書類を集めて準備をし、裁判所への申立てから決定まで三ヵ月〜六ヵ月、場合によっては一〇ヵ月もかかることや、後見人への報酬が発生することも問題ですが、いちばん困るのは、財産の使い方が家族の思いどおりにはならないことでしょう。なにしろ親族の使い込みが多いことが専門家を選任する最大の理由ですから、裁判所の選んだ後見人と家族は、どちらかというと対立関係になることが多いのです。

そのため、まず、財産がどれぐらいあるのかを知りたくて家族が本人の財産状況を開示するように求めても、後見人にその義務はありません。後見人の報酬がいくらかということについても、教えてもらう権利は家族にはないのです。財産のチェックは裁判所の役割。開示を断られても、家族は文句をいえません。

また、**後見人は本人の財産を守るのが使命ですから、基本的にあまりお金を使おうとしません**。それまでは夫の年金を自由に使っていた妻が、後見人になった弁護士に通帳や印鑑などを持っていかれ、「これからは私の許可なしでは一円たりとも使えない」と宣告されたという話も聞きました。その奥さんは「赤の他人に土足で家の中を踏み荒らされるような気持ち」だったそうです。

この人にかぎらず、後見人に対してそんな感情を抱く人は少なくないでしょう。見ず知らずの相手に、頭を下げて「生活費をください」とお願いしなければいけなくなった人もいます。しかも裁判所が決めた後見人は、家族にとってどんなに不愉快な人でも、気が合わないという理由で解任することができません。

もちろん、親身になって家族の要望に応えようと努力する後見人が多数です。たとえば頻繁に本人や家族と面会したり、家庭の事情に合う適切な施設を探してくれたりする後見人には、家族も感謝の念を抱くでしょう。ある司法書士などは、後見人を務めていた人が亡くなるとき、家族に「看取りをしてほしい」といわれて、ひと晩中つきあったそうです。

でも、後見人の仕事を「ビジネス」として考えると、こういった行動はあまり後見人にプラスになりません。後見人は裁判所に業務内容を報告し、それを査定した裁判所が報酬額を決めます。**報酬アップにつながるのは、専門用語で「法律行為」と呼ばれる業務がメイン**。法律行為とは、たとえば入院や入所契約の締結、不動産の売買契約など、要は「意思決定してハンコを押す行為」のこと。後見人は本人の代わりに判断をするのが役目ですから、これが報酬につながるのは当然です。

後見人には、本人や家族と面会して要望を聞いたり、本人にとってよりよい施設を探したりするなど、本人の意思を尊重して心身の状態や生活の状況に配慮する義務もあります。しかし、残念ながらどんなに「私はこれとこれをやりました」と報告書に記載しても、報酬面でプラスになることはかぎられています。先ほどの看取りをした専門家も報酬にはなかなか反映されないのです。

●売りたくない不動産は売られ、売りたい不動産は売ってくれない

そういう意味で、法定後見人という仕事は、本人や家族のことを思いやる「心ある人」ほど損をするビジネスだといえるでしょう。家族のことを思いやることなく、ドライに仕事をこなす専門家ほど、後見人として稼ぐことができるのです。

たとえば、家族が売ってほしくない不動産であっても、本人の利益になると判断すれば、後見人はそれを売却できます。

実際に、こんなケースを何度も耳にしました。

認知症の本人は不動産をたくさん所有していて、そこからの家賃収入も十分あり、

借金もありません。ところが、後見人の司法書士がそれを自分の知り合いの不動産業者にいくつも売却してしまったというのです。それも、相場より安い価格でした。

所有者は認知症で意思確認ができず、家族も売却を望んでいないのですから、ひどく理不尽な話です。しかし自宅以外の不動産の売却は、家庭裁判所の許可も不要ですから、後見人がこれをやるのは難しいことではありません。

もちろん報告書には売却を決めた正当な理由を書かなければいけませんが、鉛筆をなめながら考えれば、それらしい理由はいくらでも思いつくでしょう。「不動産価格の下落が予想されたので売却によって現金化した」とでも書けば、妥当な判断と見なされます。**裁判所としては、不動産として所有しようが現金化しようが、財産価値が減りさえしなければ文句はありません**。そして、後見人は不動産売買のような「法律行為」をすればするほど特別の手当が入ります。また、後見人の毎年の報酬は金融資産で計算されるので、毎年の報酬アップにもつながります。

こんな話もありました。ビルのオーナーが重度の認知症になったのですが、東日本大震災の影響で耐震工事を求められ、ビルの大規模修繕が必要になった。それには一億～二億円ぐらいの資金がかかります。でもオーナーは判断能力がないので、銀行からの借り入れができません。そこで、家族は法定後見人をつけました。

しかし、家族やオーナーが思っていた方向には話が進みません。大規模修繕のための資金借り入れについて後見人が裁判所に相談したところ、答えは「ノー」。「大規模修繕をしても、借入金を返済できるだけの家賃収入が得られるかどうかはわからない」というのが、その理由です。

そのビルは立地条件もいいので、常識的に考えれば、十分な家賃収入が見込めるものでした。そもそも、回収できる見込みがなければ銀行も融資しないでしょう。

ところが裁判所は、たとえ可能性は小さくとも、守るべき財産に損失が生じるリスクを避けたがります。「裁判所が許可しなければこうはならなかった」と責任を問われたくない。そんなリスクを負うぐらいなら、売却して現金化してもらったほうが安心です。

結局、そのビルは耐震工事ができず、各テナントは退居。解体されて更地になり、売られてしまいました。大規模修繕をすれば確実に利益を生んだはずですが、そのための借り入れが認められないのでは、どうしようもありません。解体して土地を売却するしかなかったのです。オーナーが認知症になっていなければ、まず間違いなく売ることはなかったでしょう。しかし裁判所や後見人にとっては、それがもっとも安全で確実な「オーナーの財産を守る方法」だったのです。

一方、**同じ不動産でも、本人が居住している自宅は簡単には売れません**。賃貸用マンションなどの不動産と違って、住居は生活の基盤。入院中など本人が不在のあいだに後見人が勝手に売ってしまったら、帰る場所がなくなってしまいます。そのため、**自宅の処分については裁判所の許可が必要です**。

しかし前出のA子さんのように、親を自分の家に引き取って面倒をみることにして、実家を売って現金化したいと考える家族は少なくありません。でも後見人は、なかなか首を縦に振らない。**裁判所に許可を求めた場合、「自宅を売却する前に、まず預貯金などの現金を使いなさい」と指導されることが多い**からです。

●自分と家族のために財産を使いたければ認知症になる前に対策を

ここまでの話で、法定後見人が財産に「第二の凍結」をもたらすことがよくわかってもらえたと思います。法定後見人は、家族のために働くわけではないのはもちろん、必ずしも本人の意思を実現してくれるわけでもありません。**意思確認のできない本人に、いわば「財布のひもが堅い金庫番」がついたようなもの**です。

ですから、ふつうに考えれば本人も納得して出すだろうと思えるお金であっても、簡単には認めません。たとえば、ご祝儀のようなもの。結婚した娘さんが新居を建てたりすれば、それなりに経済的な余裕のある親はかなりまとまった額の新築祝いを渡すでしょう。一〇〇万、二〇〇万という単位になることもあります。

しかしこれも、あくまでも本人の財産を守る「金庫番」にとっては、「当然の支出」ではありません。たとえ、本人が認知症になる前から「娘が家を建てたらこれだけ渡そう」といっていたとしても、それを裏付ける証拠でもないかぎり、後見人は家族に「ノー」と答えることができます。

親身になって家族を思いやる後見人なら、常識の範囲内で認めるでしょうが、それでもこれは「贈与」になります。不適切な支出としてとがめられることのないよう、裁判所の判断を仰ぐでしょう。実際、上申書を提出して新築祝いの支出を認めてもらった後見人もいます。しかし裁判所は裁判所で財布のひもが堅いので、家族が求めたような額にはなりませんでした。父親が認知症でなければ、一〇〇万円ぐらい包んだはずですが、裁判所が認めた額は三〇万円です。

ほかにも、孫の学費や結婚費用など、本人が家族のために喜んで出すお金はいろいろあるでしょう。もちろん、自分のために使いたいお金もあります。要介護状態になって自宅で暮らせなくなったら、高級な施設に入りたいと思い、そのために貯蓄していたかもしれません。

でも**後見人は、本人の意思確認ができない以上、どれも基本的には「無駄遣い」だと考えます**。本人の入所施設も、いくらそのための蓄えがあっても、そんなに高級なところは選びません。いちばん安いところを選ぶわけでもないでしょうが、本人が望んでいたものよりは間違いなくランクの低い、中程度の施設になってしまいます。

しかし、本人や家族の希望どおりに財産が使えないからといって、文句をいっても始まりません。法定後見人とは、そういう制度です。専門家の後見人も裁判所も、自分たちの職務を忠実に果たしているだけのこと。べつに、悪意があって家族に嫌がらせをしているわけではないのです。

では、そんなことにならないようにするには、一体どうすればよいのか。

もうおわかりだと思いますが、本人が認知症になってからでは手遅れです。財産の凍結を解除するには、法定後見人を立てるしかありません。預貯金や不動産などが完全に凍結した状態よりはマシだとあきらめて、「第二の凍結」を選ぶ以外にないのです。

それを避けるには、認知症になって凍結される前に手を打たなければいけません。

その段階なら、次章で紹介する**「任意後見制度」**と**「家族信託」**という二つの手段が使えます。「赤の他人」が家に土足で踏み込んでくるような事態を招かず、本人や家族がお互いを支え合うために財産を使えるようにするには、早いうちに準備をしなければいけません。

認知症は、誰にでも起こり得るものです。認知症と聞くとアルツハイマー病を思い浮かべて、「まだ大丈夫だろう」と考えてしまう人もいますが、そんなことはありません。どんなに元気で頭がはっきりしている人でも、脳卒中や転倒による骨折、インフルエンザなどで入院し、そのまま寝たきりになって認知症になってしまうこともよくあります。

ですから、「親はずっと元気でいる」「認知症にはならない」などと思い込むのは、賢いことではありません。誰にでも、そのリスクはあります。本人と家族のために大切な財産を守りたければ、いずれ認知症などで判断能力がなくなることを前提にして対策を考えておく必要があるのです。

第二章

財産を凍らせない二つの方法

●元気なうちに親族を選べる「任意後見契約」

前章では、認知症などで意思確認のできなくなった人の財産がどうなるかをお話ししました。あらためて整理しておきましょう。財産の凍結には、次の二段階があります。

〈第一段階〉判断能力がなくなると、銀行預金や不動産などの財産が凍結されてしまい、配偶者や子などの親族がその手続きを代理することはできない。

〈第二段階〉法定後見人を立てれば、凍結は解除される。しかし裁判所は弁護士や司法書士などの専門家を後見人に選ぶケースが大半。親族が財産管理を行うことは難しい。運よく家族が後見人になれたとしても、家族のために財産を使うことはできない。

したがって、重い認知症になってからでは、財産の凍結を避けることはできません。

そこでこの章からは、判断能力のなくなる前、いわば「第一段階」より前に講じておくべき対策について説明していきます。

すでにお話ししたとおり、成年後見制度には、「法定後見人」と「任意後見人」の二種類があります。

前章で紹介した法定後見人は、本人が重度の認知症など（「第一段階」）になってから、親族などが裁判所に申し立てて選んでもらうもの。それに対して、**任意後見人は「第一段階」を迎える前、つまりまだ本人が意思を伝えられるうちに、自ら選んでおくもの**です。

赤の他人である専門家が法定後見人に選ばれるのは、親族による「使い込み」などから財産を守らなければいけないためでした。要は、裁判所が親族を信用していないわけです。しかし任意後見人は、本人が元気なうちに「いざというときはこの人に判断を任せる」と決めておく（「任意後見契約」を結ぶ）のですから、裁判所に口をはさまれることなく、自分の親族を後見人にすることができます。

ただし、任意後見契約は本人の判断能力が落ちた後でなければ発効しません。たとえば長男を「いつでも任せられる代理人」として選んでいても、本人が元気なうちは、長男に個別の契約行為などを代行させることしかできないのです。

でも、それなりの年齢になって「隠居」という言葉が脳裏をよぎるようになると、まだ認知症にはなっていなくても、次の世代にいろいろなことを包括的に任せたいと思う人は多いでしょう。たとえば自営業の人は、経営や不動産の管理などを後継ぎの息子や娘に任せて、自分はのんびりと旅行でもしながら暮らしたいと思うかもしれません。

●「任意代理」&「任意後見」で、身内が「金庫番」になれる

そこで知っておいていただきたいのは、「任意代理契約」のことです。呼び名は任意後見契約と似ていますが、こちらは**認知症になる前の元気なうちから発効するもの**。契約さえすれば、長男や長女など自分で決めた「受任者《じゅにんしゃ》」に包括的に代理権を与える

ことができます。

この**任意代理契約と任意後見契約をセットで身内と締結しておけば、認知症になる「前」と「後」をスムーズにつなぐことができるでしょう**。契約内容は、公証役場で公正証書（公証人が作成する権利・義務・事実などを証明する書類）にします。「委任契約及び任意後見公正証書」といい、法的な信頼性の高いものです。もちろん契約は「任意後見」だけでもできますが、どうせ元気なうちに任意後見契約を結ぶのなら、その前段階の任意代理契約（委任契約）も結んでおくのが賢いやり方です。私も司法書士として、お客様には日頃からそれをおすすめしています。

任意代理は、受任者となった子どもが親の代わりに役所で公的な手続きをしたりできるのです。

ただし、任意代理は「万能」ではありません。本人が出向く必要のある法律行為もありますし、銀行などは公正証書があっても通用せず、「何のことですか？」と断られてしまうことが多いようです。やはり、本人確認のハードルは高いのです。

不動産の売却も、任意代理ではできません。任意代理人ではなく、本人の意思を確認しないと、私たち司法書士は登記を申請できない仕組みになっています。

任意代理は本人が元気な段階なので、こうした制約があるのはやむを得ません。**本人が認知症などになり、契約が任意代理から任意後見に移行してはじめて、受任者が本格的な代理人（後見人）になれるのです。**

しかし残念ながら、その任意後見も、後見人が本人の財産を完全に「解凍」できるわけではありません。本人があらかじめ「この人に任せる」と決めたのですから、財産は後見人の判断で動かせそうなものですが、裁判所がいっさい管理せずに放置することはありません。

では、どう管理するのか。

本人の判断能力が低下して、任意代理から任意後見に移行するときは、後見人候補者（たとえば任意代理を務めていた息子など）や親族などが、「後見監督人」を選んでほしいと裁判所に申し立てます。そこで法的に「代理」から「後見」に切り替わるわけですが、弁護士や司法書士などの専門家に、後見人が使い込みなどの悪さをしないよう監督させるのです。

●「金庫番」の上司のように目を光らせる後見監督人

身内ではない専門家が目を光らせるという意味で、これは親族にとって法定後見人とあまり変わらない存在だといえるでしょう。

もちろん、後見監督人は後見人ではないので、銀行の通帳や印鑑を監督人が管理することはありません。つまり**「金庫番」は身内の人間が務められるわけですが、後見監督人はその「金庫番」の上司のようなもの**。ですから、あまり勝手なことはできません。

たとえば、金額の大きい買い物をするとなれば、事前に「これに使ってもよろしいでしょうか?」と後見監督人におうかがいを立てることになるでしょう。本人のために五〇万円の車いすを買おうと思っても、「もう少し安いものにしなさい」と指示される可能性もあります。任意後見人は、財産管理の内容を後見監督人に報告する義務があるのです。この義務を怠ったり、使い込みが発覚したりすると、後見監督人によって後見人を解任されるでしょう。

また、専門家が務める以上、法定後見人と同じように、後見監督人にも報酬が発生します。金額は法定後見人の報酬よりも安くなりますが、財産が少しずつ目減りしていくことに変わりはありません。

そういったことを考えると、これは「凍結の第三段階」……とまではいわないものの、財産は「半凍結」状態のようなものだといえるでしょう。後見監督人への報告は、原則として三ヵ月に一回しなければいけません。預金通帳の記帳や財産目録の作成など、手間も相当かかります。「金庫」を丸ごと管理される法定後見人と違って、「赤の他人が土足で家に踏み込む」ような不愉快さはなくても、親族にとってはかなり不自由な制度なのです。

●中世イングランドを起源とする「信託」制度

したがって、本人が判断能力を失っても、本人の思いどおりに財産を使うためには、任意代理と任意後見をセットで契約するだけでは十分ではありません。認知症になってから慌てて法定後見人をつけるよりは、本人が元気なうちに任意後見の契約をしたほうがはるかにマシですが、それでも財産は裁判所の管理下に置かれてしまうのです。

でも、ご安心ください。**本人が元気なうちに打っておけるきわめて有効な手立てがあります。それが、いわゆる「家族信託」にほかなりません**。

まだ世間の認知度が低いので、「信託」という言葉を聞いて銀行のことを思い浮かべる人も多いでしょう。しかしこれは、銀行の投資信託のような金融商品とはまったく関係ありません。一般的な呼び名は「家族信託」のほかに「民事信託」などもありますが、どちらも同じようなもの。「信託法」という法律に基づく、私人同士の契約行為です。

信託制度は、昔からイギリスをはじめとするヨーロッパで盛んに利用されてきました。その原型は、中世のイングランドで、十字軍に参加する騎士たちが出征中の家族のために使った「ユース」という制度だといわれています。

騎士が出征すると、その財産の管理ができません。そこで出征前に信頼できる友人などに財産や領地などの名義を変更し、財産管理を託す。託された友人は本人に代わって財産の管理や運用を行い、そこから得た収益を騎士の家族に渡すのです。

出征した騎士は生きて帰ってこられるかどうかもわかりません。生きていても、携帯電話などない当時の通信環境では、音信不通の状態が長く続きます。財産の運用について指示や確認をしたくても、連絡するのはほぼ不可能です。

そのような状況で財産の名義を友人に変更してまで託すのですから、よほどの信頼関係がないと契約はできないでしょう。**現在の信託制度も、そういう強い信頼関係がないとできないことが、ひとつの重要なポイントです。**

日本では、大正時代に「信託法」がヨーロッパの制度を参考にして導入されました。しかし、ヨーロッパで根づいていた精神までは輸入されなかったのでしょう。本来は「強い信頼関係」がないとうまくいかない制度なのですが、その昔、日本ではいささかハードルが低くなってしまい、安易な使われ方をされたのです。

あまり強い信頼関係のない人間同士が信託契約を結べば、トラブルが起こるのは避けられません。財産を託された人が勝手に使い込んでしまったり、お金を貸す条件として「持っている土地の名義をよこせ」などと信託契約を迫るヤクザまがいの金融業者が現れたりしました。

そうなると、法律で規制せざるを得ません。トラブル防止のために、銀行のような大きな資本金を用意できる機関でなければ信託ができないよう、厳しい縛りがかかりました。そのため日本では、「信託といえば銀行」という印象が強くなってしまったのです。

●名義を書き換えて財産の管理を託す

しかし二〇〇六年（平成一八年）、八四年ぶりに大きな信託法の改正がありました。きっかけは、小泉純一郎政権が推進した「構造改革」です。おそらく、もっと信託制度を活性化させて資産の流動化を進めるよう、米国からの外圧もあったのでしょう。

信託制度を使うと、流動性の低い不動産などの資産を金融商品化できるのです。

この法改正によって可能になったのが、これからご紹介する家族信託です。先ほど説明した**任意代理や任意後見と家族信託のいちばん大きな違いは、財産の「名義」を「受託者《じゅたくしゃ》」（本人から託される人）に書き換えられることでしょう。本人の判断能力がなくなっても、受託者の名義に変わっている財産が凍結されることはありません。**

任意後見も「この人（受任者）に任せる」という契約なので、両者のあいだにそれなりの信頼関係はあります。しかし、受任者の権限はあまり強くありません。完全に信頼することができないから、裁判所も後見監督人をつけるわけです。

それに対して、信託は財産の名義まで与えて「この人（受託者）に託す」というのですから、きわめて強い信頼関係がなければできません。単なる「代理人」とは違い、ほぼ一心同体のような関係であるため、法的には、かなり重い意味を持ちます。

ですから、本人と受託者のあいだできちんと契約さえしていれば、そこに書かれている法律行為——不動産の売却や金融資産の運用など——が、ほぼ思いどおりにできます。いわば、**家族信託は「生前に効力を発揮する遺言」**のようなものなのです。

正式な遺言書は、自分の財産を死後にどう使ってほしいかを決めておく最強の「証文」です。だからこそ、自分の死後に「争族」を起こしたくなければきちんとした遺言を書いておく必要があります。

ただし遺言は、本人がいつでも書き換えられます。いくら遺言を作成しても、次の日に別の遺言を書いたら最新の遺言が優先されます。一方、家族信託は簡単には書き換えられません。信託された財産（名義が書き換えられた財産）は遺言の対象財産から外れるため、「争族」を防ぐ一助になります。

また、遺言は生きているあいだには効力を発揮しません。しかし家族信託なら、認知症などで判断能力を失ってから死んだ後まで、財産をどう使ってほしいかを決めておけるのです。

●家族信託なら「次の次」の相続まで決められる

それだけではありません。家族信託では、遺言よりも先々のことまで決められます。

というのも、**遺言で指定できるのは、「次」の遺産相続人だけ。**たとえば自分の妻に相続させた場合、その財産は妻に所有権が移ります。したがって、妻が「自分の財産」を誰に相続させるかは、妻自身が決めること。夫の死後に妻が再婚相手にすべてを渡しても、すでに亡くなっている「元夫」は文句をつけられません。

それに対して、**家族信託では「次の次」「次の次の次」など、百年くらい先のことまで決めておけます。**自分が死んだときは妻、妻が死んだときは長男、長男が死んだときは孫……といった具合に、自分の築いた財産をどう継承してもらうかを指定できるのです。先祖代々の不動産や会社の株式などの財産を世代を超えて希望どおりに受け継いでほしい人にとっては、遺言以上に安心できる制度だといえるでしょう。

⑮家族信託なら「現代版・隠居」ができる

昔の日本社会には「家制度」があり、家督は長男に受け継がれていました。親を含めた一族の面倒をみるのは長男の務め。もちろん、財産を相続するのも長男。ですから、次の世代が好き勝手によその人間に財産を相続させてしまう心配はありませんでした。

しかし現在の民法では、家制度がなくなりました。財産はあくまでも個人の所有物。「家」に所有権はありません。それ自体は、人権を重視する近代社会にとって当然のことです。「家」による財産の継承を受け入れたくない人もいるのですから、法律で相続の方法を強制するようなことをしてはいけません。

とはいえ、これは伝統的な文化でもあります。今も「財産をきちんと子や孫の代まで受け継いでほしい」と願う人はたくさんいます。それもまた個人の権利です。そういう財産継承を選べる仕組みはあったほうがいいでしょう。

死後の財産継承だけではありません。昔は、いわゆる「隠居」も社会的な制度として確立していました。年老いた家長はある段階で長男に家督を譲り、自分は隠居して悠々自適の余生を送っていたのです。

しかし現在は隠居制度はありません。生前に財産を子に譲ると贈与税の対象になってしまいます。目的は「家の財産を守りながら子に継承すること」ですから、財産を減らすようなことはできないでしょう。

そういう悩みを解消するのが、家族信託にほかなりません。これは、**「現代版の隠居制度」**なのです。

しかも昔の隠居と違って、後継ぎに財産を持っていかれるわけではありません。たとえば経営する賃貸マンションから家賃収入などがあれば、今までどおり本人が受け取ることができます。そういう「おいしい部分」は従来どおり本人のもので、財産の管理や運用などの面倒なことは後継ぎに任せることができるのです。

それは一体、どういう仕組みなのでしょうか。

まず家族信託では、財産を入れる「財布」を分けることができます。それまでは財布がひとつだったので、元気なうちはすべて本人の思いどおりに使えますが、認知症などになると、財布の中身が丸ごと凍結（あるいは「半凍結」）状態になってしまいました。また、遺言を書いていなければ、死後は丸ごと相続人全員の共有になってしまいます。

しかし家族信託では、預貯金、不動産、株式といった財産に、「××万円は長女が管理して〝介護費用〟に使う」「実家不動産は同居の長男が管理して〝いつでも売れるようにしておく〟」など、それぞれ「使命」をもたせて、別々の財布に入れることができます。それぞれの財布ごとに、誰がどういうふうに管理するか、どういう継承にするかを個別に決めることができるのです。とりあえず、家族信託とはおおむねそういうものだとイメージしてください。

●「箱」と「ケーキ」を分けるので、贈与ではない

後継ぎに財産を継承するといっても、家族信託は贈与とはまったく異なります。それは、受託者（後継者など）に渡すのが財産の「名義」だけだからです。

少し専門的で難しい話になりますが、ここでは、財産を「箱に入ったケーキ」だと思ってください。実際に値打ちのある「おいしい部分」はケーキで、法律上の「名義」はそれを入れる箱です。

たとえばＡさんが財産の「所有権」そのものをＢさんに譲る場合、箱に入ったケーキを丸ごと渡すことになります。これは「贈与」になり、税金がかかってしまいます。しかし家族信託では、ケーキだけ箱から出してＡさん（委託者《いたくしゃ》兼受益者《じゅえきしゃ》）の手元に置いておき、空っぽの箱だけをＢさん（受託者）に渡すことができます。箱だけとはいえ、Ｂさんには名義人としての法的責任があるので、不動産の管理などの義務を果たさなければいけません。Ａさんはそういう面倒なことから解放されます。しかしケーキそのものの財産権はＡさんが持っているので、家賃収入などを得ることができます。

税務署がみているのは箱を持っている名義人ではありません。課税対象はあくまでも財産そのもの。誰がケーキを持っているかをみます。**ケーキそのものが贈与されないかぎり、贈与税はかかりません。**

また、不動産や株式などの財産を継承したいときは、後継ぎの息子などにそれを売却するという方法もあります。その場合は当然ながら息子が親に代金を払わなければ

（表2-1）家族信託では「権利」と「名義」を分けられる

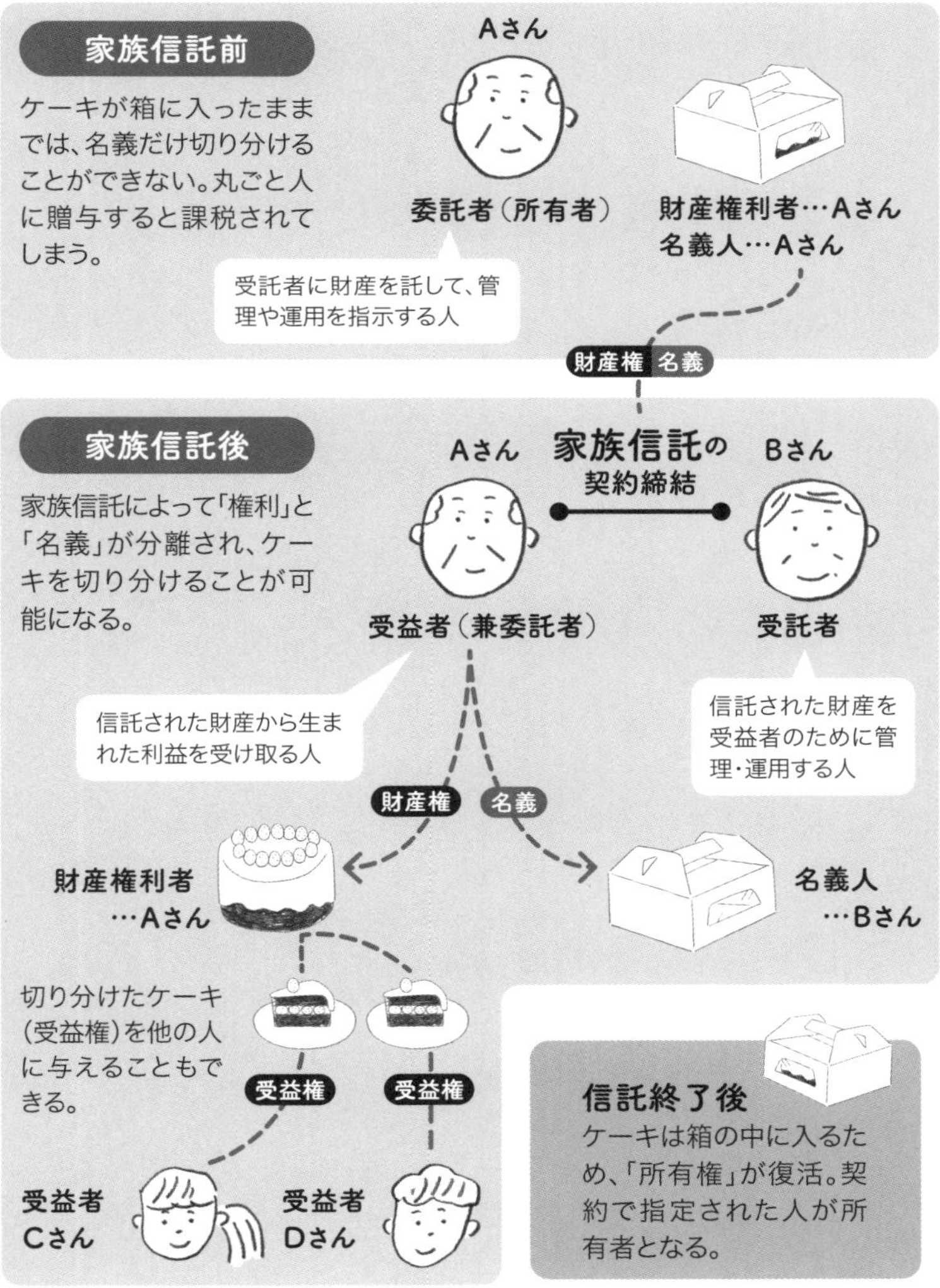

なりません。銀行から借金して用立てるケースもあるでしょうし、売買金額によっては余計な税金もかかってしまいます。しかし家族信託なら、財産そのものは親が持ったまま名義だけ与えるので、子が親にお金を払う必要もなく、余計な税金も発生しないのです。

もちろん、財産（ケーキ）そのものも徐々に受託者に譲りたいと本人が希望することもあるでしょう。贈与するときには贈与税がかかることになりますが、財産権が移転するのでやむを得ないでしょう。

しかし後見人と違って、なにしろ名義（箱）は受託者になっていますから、本人が判断能力を失っても財産が凍結されることはありません。その管理・運用については本人の意思が明確ですから、裁判所などが口をはさむことはできないでしょう。

●ライフステージごとの悩みにすべて対応できる

もっとも、本人の生前に家族信託の受託者がどの程度まで自由に財産を扱えるかは、まだ微妙なところもあります。というのも、二〇〇六年に大改正された信託法は、従来の民法とのあいだに考え方の差があるからです。

日本の民法は、いわゆる「大陸法」を参考にしてつくられました。おもにドイツやフランスなどヨーロッパ大陸で発達した法律の体系です。それに対して、現在の信託法はいわゆる「英米法」の体系に基づくもの。日本は基本的に大陸法の国。そこに突如として英米法を下敷きにした信託法が入ってきたことに、法学の専門家はかなり驚いたそうです。

大陸法の特徴をひとことでいうなら、「ガチガチの法律」ということになるでしょう。決めたルールは条文の言葉どおり厳格に運用されるべきだという考え方です。一方の英米法は、とりあえずルールは決めるけれども、実際の運用は現実の裁判を通してどんどん変えていけばよい、という考え方。多くの判例を積み重ねることで、現実のルールがつくられていくわけです。

大陸法と英米法にはそういう差があります。そのため、従来の民法と新しい信託法のあいだで矛盾が生じる可能性がないわけではありません。すでにお話ししたとおり、民法では「財産はあくまでも個人のものとして守られるべき」と考えます。家族信託の受託者が財産を自由に扱うことに歯止めをかける根拠にされる可能性もあるでしょう。

新しい信託法はスタートから十数年経っており、徐々に裁判例も出てきました。また、税務や不動産登記の取り扱いについても、明らかにされつつあります。

今後はますます、多くの人々が積極的に家族信託を利用することで実例を増やし、そのメリットを明らかにすることで、この「現代版隠居制度」が広く社会に根づくことになるでしょう。財産の理不尽な凍結を防ぎ、大切な財産を家族全体で継続的に有効活用していく方法は、いまのところこの家族信託しかありません。

次に掲げた図（表2－2）のように、財産については、ライフステージごとにさまざまな悩みが生じます。

認知症などになっていない「健常期」も例外ではありません。たとえば不動産が家族との共有名義になっていると、その運用について全員の同意が必要になります。ひとりでも反対したり、判断能力がなくなったりしてしまうと、売ったり貸したりする

（表2-2）財産管理での悩みと対応策

		任意代理	任意後見	遺言	信託
健常期	円満な財産管理をしたい	○	ー	ー	○
能力減退期	隠居したい	○	ー	ー	○
能力喪失	凍結を回避したい	ー	○	ー	○
相続	「争続」を回避したい	ー	ー	△	△
二次相続以降	長期に渡り継承させたい	ー	ー	ー	○

ことはできません。

少し年老いて「能力減退期」を迎えると、先ほどお話ししたように、隠居して後継ぎにいろいろなことを任せたくなります。しかし隠居制度がないため、生前贈与をすると税金がかかってしまいます。

次に、認知症などで「能力喪失」になると、本書のいちばんのテーマである「財産の凍結」という問題が生じます。法定後見人や後見監督人がつくと、財産を思いどおりにすることはできず、相続税対策もできません。

本人が亡くなった後は、「争族」問題が待っています。たとえ遺言があったとしても、すべて思いどおりになるわけではありません。じつは、遺言で相続分を指定されていない親族（兄弟姉妹を除く法定相続人）にも、「遺留分」と呼ばれる遺産の一部を請求できる制度があります。基本的には遺言が優先されますが、たとえば勘当同然で家を追い出された子（法定相続人）に取り分がない遺言の場合、その子が一定期間内に請求すれば、法律で決められた割合の遺留分を受け取ることができるのです。

ちなみに、家族信託でも遺留分の問題は避けて通れないといわれています。ですから、遺言や家族信託でも死後に家族間のもめごとを一〇〇％防ぐことは難しいようです。

なお、前述したとおり遺言では「二次相続」ですから、遺言を書いても、死後に親族間のもめごとが起きる可能性はあるでしょう。また、これも前述したとおり、遺言では「二次相続」以降の後継者を指定することができません。「次の次」から先のことは、どうなるかわからないのです。

こうしたライフステージごとのさまざまな悩みや不安を、解消する力を持つ家族信託。次の章では、その具体的な利用法などを詳しくお話しすることにします。

第三章

家族信託なら本人のために家族が財産を管理できる

●親が認知症になる前に手を打ちたいが……

前章でお話ししたとおり、家族信託は財産を守る強力な手段ですが、十数年経過した現在も、広まっているとはいえません。身近でこれを活用している知り合いもあまりいないのではないでしょうか。

そこで、まずは私自身が司法書士として関わった実例をご紹介しましょう。

C子さんは、母親が三年前に認知症になりかけました。まだ意思確認はできる状態でしたが、あるとき銀行の窓口でこう助言されたそうです。

「このままお母さまが認知症になられると、預金がおろせなくなります。その場合は、成年後見人をつけていただかないといけません」

預金が凍結されると困ると思ったC子さんは、助言にしたがって裁判所に行きました。しかし裁判所では、「まだお母さまは後見人をつけるほどのことはないですよ」といわれてしまいます。

たしかに、裁判所が法定後見人を選任するのは、本人が判断能力をなくしてからです。判断能力があるうちに任意後見人を選んでおくこともできるのですが、裁判所はそこまでアドバイスしないのでしょう。

こうなると、C子さんは母親が本格的に認知症になるまで何もできません。その一方で、裁判所から法定後見人をつけられるといろいろと面倒なことになるという話も耳にしました。

「今のうちに何か手を打つことはできないかしら……」

思い悩んでいたC子さんに、「そういえば家族信託というものがあるらしいですよ」と教えたのは、たまたま私たちの事務所ともつきあいのある保険会社の人でした。

「よくわからないけど、話だけでも聞いてみたい」

そう思ったC子さんは、その人の紹介で私のところに連絡をくださったのです。

お話をうかがうと、C子さんの母親は預貯金のほかに、夫（C子さんの父親）と共有名義の不動産を持っていました。このまま放っておいて、母親が認知症になってしまえば、預貯金も不動産も凍結されて動かせなくなります。

●親族一同の承認を得た上で結んだ信託契約

いろいろな説明を聞いた上で、母親とC子さんは家族信託をやることに決めました。そのためにまず行ったのは、親族一同への説明でした。

家族信託は委託者と受託者、この場合は母親とC子さんの二人でできますが、親族の知らないところでやると、後でどんなトラブルになるかわかりません。なにしろ財産の名義を書き換えるのですから、勝手にやられると不愉快に感じる親族もいるでしょう。「そんな話は聞いていないぞ」などといわれ、もめごとに発展してしまうといけません。

そもそも、この親族はほとんど毎週顔を合わせて、両親を大切に見守っていました。そこで親族の集まりにお邪魔して、家族信託の仕組みや目的などをしっかりとお話ししました。結果、みなさんの理解と納得を得ることができ、親族から承認するハンコもいただいて、C子さんと母親の信託契約を済ませることができたのです。

母親の症状が悪化して、話もまともにできなくなってしまったのは、それからわずか三ヵ月後のことでした。もし信託契約が半年ぐらい遅かったら、母親の預貯金や不動産はすべて凍結されてしまったことでしょう。

「あのとき家族信託をやっておいて、本当によかった……」

C子さんが心からそうおっしゃるのを聞いて、私も、お役に立てた喜びで胸がいっぱいになりました。そして、やはり家族信託は早いうちにやっておかなくてはならない、と、あらためて感じました。

しかしC子さん一家の場合、これで安心することはできません。**預貯金や不動産は、父親と母親の共有名義です。母親の名義だけC子さんに書き換えても、父親が認知症になれば、その財産は凍結されてしまう**のです。

しかも自宅以外の不動産や預貯金を含めた財産は、母親より父親のほうが多いこともあり、親族としてはむしろ父親との信託契約のほうを先にしたいぐらいでした。ところが、最初に相談したときは「おれにはそんなもの要らん！」と断固拒否。年寄り扱いされるのがイヤだったのか、とりつく島もなかったそうです。

でも、認知症が急速に進んでしまった妻の成り行きをみているうちに、父親の気持ちは変わっていきました。親族全員がひとつになって、いつも「お父さん、お父さん」と父親を大事にしていたことが大きく影響したのでしょう。あるとき、C子さんに頼まれた私が家族信託契約の打診にうかがうと、一〇分も話を聞かないうちに、「それで、どこにハンコ押せばいい？」とおっしゃってくださいました。「みんなが大切にしてくれているのだから、自分が認知症になることで家族に迷惑はかけられない」と考えるようになったようです。

そんなわけで、父親と母親の財産は、一家のために有効に使えるようになりました。預貯金は母親の介護などのために使っていますし、所有していた土地の一部も、C子さんが中心となって売りに出しました。名義を書き換える信託だからこそ、それが可能になったのです。

●所得税はケーキの持ち主にかかる――信託の税務

実例を通じて家族信託の概要をつかんでもらえたところで、次に、信託の「税務」についてお話ししましょう。家族信託の利用を考え始めた方々がしばしば気にする、重要なポイントのひとつです。

専門的ないい方をすると、日本の信託税務の大原則は「受益者課税主義」ということになります。受益者とは、簡単にいうと、その預貯金なり不動産なりといった財産によって利益を得る人のこと。つまり**受益権を持つ人が課税されるわけで、前章のたとえを使うなら、箱（名義）とケーキ（財産権）の持ち主が違うときは箱ではなくケーキの持ち主が課税される**ということです。名義がいくら変わっても、ケーキの持ち主さえ同じなら課税対象は同じ。これを「信託のパス・スルー機能」といいます。

たとえばケーキを箱から出して、箱だけ後継ぎの長男に渡し、ケーキは自分で持ち続ける形の家族信託を結んだ場合、受益者は自分なので、「自益信託《じえきしんたく》」と呼びます。受益権の移転はないので、信託を行った（つまり名義を書き換えた）時点の譲渡所得税などは非課税です。

また、不動産取得税や登録免許税といった、登記を変更するときの税金が安上がり

（表3-1）不動産を贈与、売買、信託するときにかかる税金

	登録免許税 不動産の登記などに課税される	不動産取得税 不動産を取得したときに課税される	譲渡取得税 不動産などの譲渡益に対して課税される	贈与税 人から財産をもらったときに課税される
贈与の場合	2%	4%	なし	かかる場合あり
売買の場合	2%	4%	かかる場合あり	なし
家族信託の場合	0.4%	なし	なし	なし

（原則税率。令和5年現在）

1億円の不動産の場合、贈与でかかる税金は原則税率で約5400～5600万円。一方、家族信託では約40万円。贈与時に使える各種特例を受けたとしても、その差は大きい。

になるのも特徴です。家族信託で名義だけを書き換えると、受益権の移転がないので不動産取得税はかかりません。

一方、名義変更にかかる登録免許税は発生しますが、これも所有権移転を伴う通常のケースよりかなり安く済みます。

もちろん、受益権の移転がないので、贈与税もかかりません。

これらのことを総合して考えると、別表（表3－1）にまとめたとおり、**家族信託による不動産名義の変更で生じる税金は、贈与や売買に比べて格段に少なく済んでしまうのです。**

●相続税と贈与税はかからない？

ただし、これを勘違いしてしまう人もよくいるのですが、「家族信託をすれば相続税がかからない」などということは決してありません。**受益者が亡くなって、ケーキが次の受益者に移ると、税務署は相続と見なして、通常の遺産と同じように課税の対象にします**。

ちなみに信託した財産は、相続財産ではなく「みなし相続財産」と呼ばれます。たとえば、死亡保険金もみなし相続財産になります。

保険金は受取人固有の財産ですが、一定額を超える場合は相続税を払わなければいけません。そうしないと、相続税を逃れるために巨額の保険をかけることができてしまいます。

家族信託も、名義を書き換えるだけで相続税が発生しなくなるのでは、やはり税金逃れに利用されてしまうでしょう。そのため、受益者の死亡でケーキ（受益権）が移転すれば、相続財産と見なされて課税されることになっているのです。もちろん、**相**

続時の税額控除や配偶者の税額軽減など税務上の特例は、「みなし相続財産」も通常の相続税と同じように適用できます。

ところで、名義を書き換えただけでは「贈与税」は発生しないといいましたが、同じ信託でも例外があるので注意してください。それは、「他益信託《たえきしんたく》」と呼ばれる形の信託です。

他益信託とは、たとえば父親（委託者）と息子（受託者）が信託契約を結び、受益者を父親以外、たとえば孫にするといった、委託者と受益者が異なる信託のこと。信託するときに、同時にケーキを自分以外の人に渡してしまう信託です。「自益信託」と違って、**ケーキの持ち主が変わるのですから、贈与税を免れることはできません。**ケーキの一部を分け与えた場合は、分け与えられた分に贈与税がかかります。

注意しなくてはならないのは、不動産の固定資産税です。固定資産税の納税義務者は受託者（名義人）で、その通知書は受託者の元に届きます。不動産の価値が大きければ、毎年の固定資産税負担もバカになりません。通常は固定資産税を納める金銭も信託しておき、そこから払うようにします。受託者が立て替えるのは大変ですから、納税分の金銭が不足した場合は受益者も払うように事前に取り決めをしておくことが必要です。

固定資産税の納付以外にも、不動産の名義人にはさまざまな責任があります。たとえば実家を売りたくても売れず、ボロボロの空き家状態で放置しておいた場合、台風で瓦が落ちて通行人にけがをさせたり、ボヤが起きて近隣に迷惑をかけたりする可能性があります。そういうトラブルが起きたときに責任を問われるのは、ケーキの持ち主ではなく、箱を持っている受託者。そういうリスクがあることは、知っておいてください。

さてここからは、具体的なニーズを挙げながら、家族信託のさまざまなバリエーションを紹介していきましょう。どれも「名義と財産権を分ける」という基本は同じですが、その利用法は、それぞれの家族の事情や目的によっていろいろです。

case 1

認知症対策をしたい

父親が認知症になったときに銀行預金が凍結されると介護費用などが捻出できないので困ります

東京都在住　小林武司さん（五〇歳）

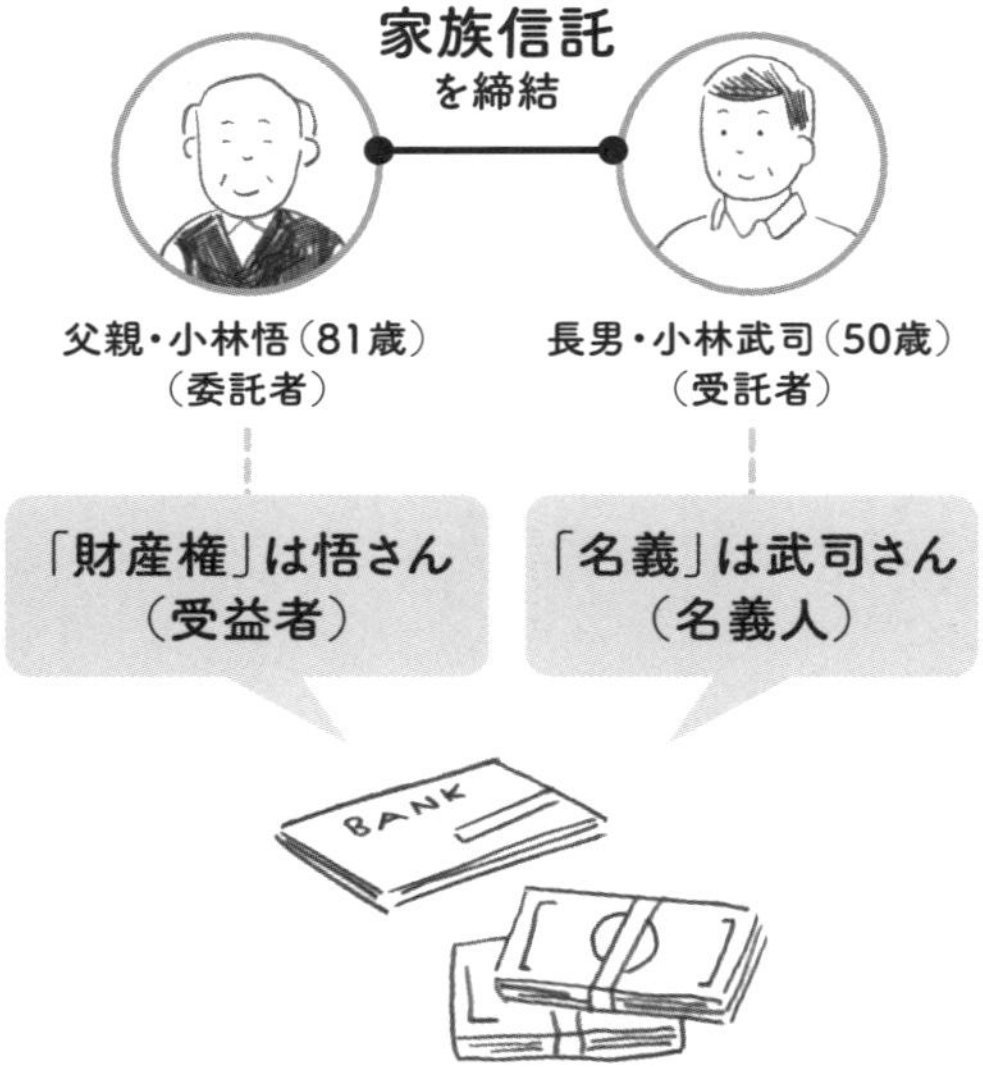

父親の預金を長男に信託するケース。父親が判断能力を失っても、長男が管理・運用をすることができるようになる。

「認知症対策を目的とする家族信託」は、家族信託契約の基本形ともいえるでしょう。認知症による凍結を防ぐのは、本書のいちばんのテーマでもあります。

まず、父親の悟さん（委託者）と長男の武司さん（受託者）で家族信託の契約を結びます。そして、銀行で「委託者小林悟 受託者小林武司 信託口《しんたくぐち》」名義の「信託口口座」（信託された財産を管理するための専用口座。銀行によって名義が多少異なります）を開設してもらいます。

信託財産を悟さんの個人口座からこの口座に振り込めば、**将来、悟さんが判断能力を失ったとしても、信託口口座の預金は凍結されません**。

ただ、信託口口座に対応してくれる銀行は、現在のところあまり多くありません。これから家族信託が世の中に浸透していくにつれて、対応できる銀行が増えていくでしょう。

なお、信託口口座を開設できない場合は、**武司さん名義の個人口座に父親のお金を振り込む方法で対応することも不可能ではありません。信託契約を結んだ上で、お金を分けて説明できるようにしていれば、贈与にはなりません**。口座名義を持つ「本人」

ですから、武司さんが通帳と印鑑を持って銀行の窓口に行ったときに、引き出しを断られることもないのです。

ただし、確率は低いですが、長男である武司さんが悟さんより先に亡くなった場合は、武司さんの相続人全員から同意をもらわないと払い出しできない可能性がありま す。また、武司さんの借金が膨らんで預金が差し押さえられたりするケースも考えられます。

その場合、名義人は武司さんでも、中身の財産は悟さんのものであり、信託扱いをしていると主張して認めてもらう必要があります。裁判の手続きを要する場合もあり、口座が凍結される可能性があることは覚悟しておいてください。

ところで、預金の財産権は受益者である悟さんにあります。それなのに、名義を武司さんに渡したことで、自分の預金を自分でおろせなくなってしまうのは、ちょっと納得がいかないでしょう。

お金が必要なときは武司さんに「おろしてきて」と頼めばいいとしても、認知症になる前からすべてを委ねるのが心配なら、通帳のみ悟さんが自分で管理して、必要なときだけ武司さんに渡すという形にしてもよいのです。受託者を監督する「信託監督人」という人を決めておくこともできます。

また、**預金すべてを信託する必要もありません**。年金の受取は本人名義の口座なので、悟さん名義の口座がまったくないのも不自由でしょう。たとえば、家族信託で託した金額――ある程度まとまった金額――は信託用の口座に移して、武司さんが管理します。これが、いわば悟さんのメイン口座。そこから必要に応じて、必要な分を悟さん名義の個人口座へ振り込んでもらえばよいのです。

悟さんが認知症などで判断能力を失った場合、この悟さん名義の個人口座は凍結されてしまいます。しかし、信託財産の管理に使われているメインの口座さえ凍結されなければ、家族が困ることはないでしょう。

case 2

金銭を贈与したい

自分が認知症になった後も、今と同じように孫の教育資金を援助したい

神奈川県在住　佐藤晴子さん（七六歳）

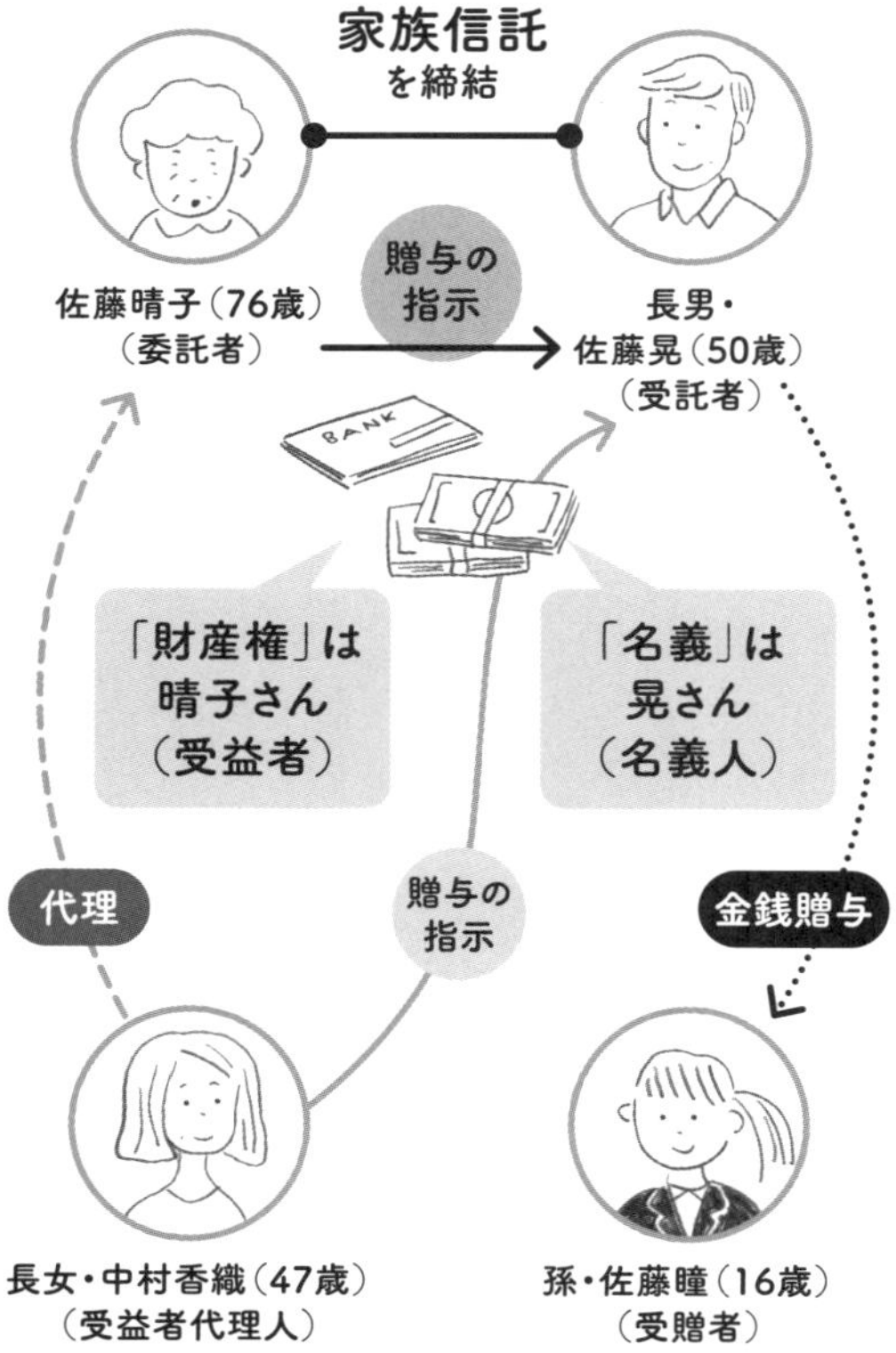

孫へ贈与したい母親の意思を受け、信託された長男が贈与を行う。母親が判断能力を失ったら、長女が母親の代理人となる。

先ほどの「認知症対策を目的とする家族信託」はどちらかというと家族の心配を解消する手段でしたが、こちらは委託者本人の「自分の望むような形で次の世代に財産を役立ててほしい」という思いを実現するための信託です。

前に、法定後見人に娘の新築祝いを出してもらうのに苦労したケースを紹介しました。

判断能力がなくなっても、親や祖父母として家族を支えたいというのは自然な願いでしょう。

後見人がついた場合、いくら晴子さんが元気なときに「将来的には孫（瞳さん）に教育資金を贈与したい」と思っていたとしても、基本的に贈与はできません。しかし家族信託なら、この思いを実現できます。

晴子さん（委託者）が長男の晃さん（受託者）と家族信託契約を結びます。

信託契約で教育資金など具体的な贈与の意思を明らかにしておけば、委託者である晴子さんの意思を反映させた必要な贈与を行うことができます。

そこで、信託契約で香織さんを晴子さんの「受益者代理人」にして、晴子さんか香織さんの同意のもと贈与ができるようにしておきます。こうしておくと、受益者もしくは受益者代理人の同意がなければ、贈与ができないようになり、**受託者の独断を防ぐことができます**。

金銭贈与を目的とする家族信託で注意してほしいのは、あくまでも「ケーキ」の持ち主は委託者本人にしておくこと。つまり委託者兼受益者を晴子さんにしておきます。家族信託を組んだ段階で受益者を瞳さんにしてしまうと、信託財産すべてに一度に贈与税がかかってしまうからです。

晴子さんが元気なうちは自分でふつうに子や孫に贈与を行ったり、受託者の晃さんに指示して贈与を行ったりして、認知症などになったら、あらかじめ具体的にいつ、いくらを誰に贈与すると契約書に明記し、受益者代理人の香織さんにも監督してもらうとよいでしょう。

case 3

実家を管理・売却したい

一戸建ての実家を出て介護付きシニアマンションに入居したい両親のために、息子が代わって売買を進めたい

千葉県在住　鈴木聡さん（五六歳）

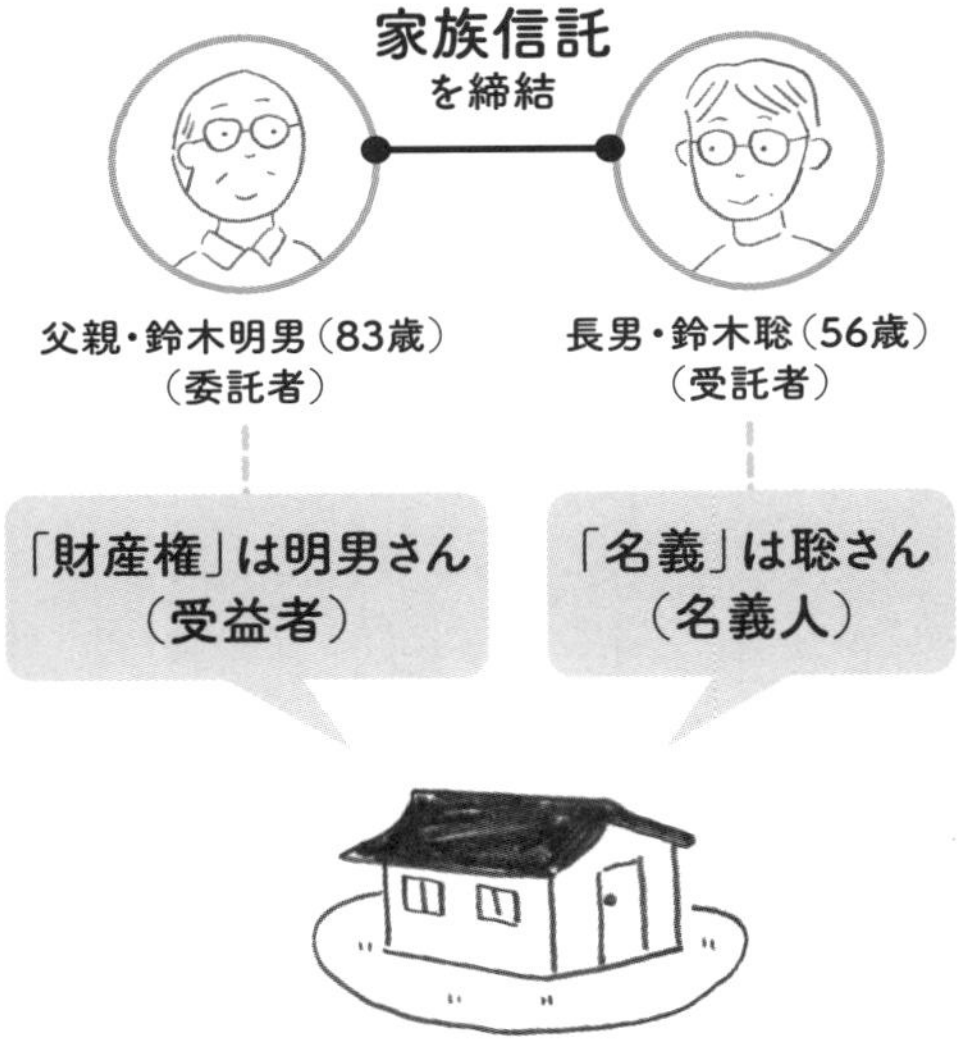

父親の不動産を長男に信託するケース。名義人となった長男が父親の代わりに処分したり、売却後の金銭を管理したりできる。

次は、**「実家の売却や管理を目的とする家族信託」**です。認知症になって後見人がついた場合、本人の居住する自宅を賃貸したり売却したりするのは裁判所の許可が必要なので難しい、と第一章でお話ししました。そして、本人が亡くなって相続が起きても、相続人の間でもめてしまうと、やはり凍結されてしまいます。それが、今多くの町で目立つ「空き家」を増やす一因にもなっているのですが、あらかじめ家族信託をしておけば、そのような心配もなくなります。

聡さんの両親は、一戸建ての実家を出て介護付きシニアマンションに入居することを希望しています。入居費用などは実家を売却したお金で十分まかなえる算段です。そこで聡さんは、まず自分の名義でローンを組んでマンションを購入し、両親の引っ越しが済んでから実家を売却し、そのお金をローン返済にあてようと考えました。

でも、ローンを組んだにもかかわらず、もし実家の所有者である明男さんが認知症になって財産が凍結されてしまうと、実家を売却することができなくなります。そうなったら、息子の聡さんが自腹で返済を負担せざるを得なくなり、実家は空き家になってしまいます。たとえ後見人をつけて売却できたとしても、売却代金を聡さんのローン返済にまわすことはできません。

家族信託を組むことで、このリスクを避けることができます。明男さん（委託者兼受益者）と聡さん（受託者）で家族信託契約を結び、**実家の名義を聡さんにしておけば、仮に明男さんが認知症になっても、問題なく売却でき、ローンの返済にあてることができるからです。**

「相続《そうぞく》時《じ》精算《せいさん》課税《かぜい》制度《せいど》（原則、六〇歳以上の父母または祖父母から、二〇歳以上の子または孫に対し、財産を贈与した場合に選択できる贈与税の制度。ただ、いったんこの制度を使うと、暦年贈与は使えない）」をご存じの人は、実家を息子に贈与して所有権を息子に移し、売却すればよいと考えるかもしれません。この場合も贈与税がかからないことが多いからです。

しかし、安易に考えてはいけません。なぜならば、不動産にかかる税金は贈与税だけではないからです。94ページ（表3－1）のように登録免許税、不動産取得税、譲渡取得税などの税金を伴う場合が多いのです。また、その家に住んでいない息子に贈与してから売却すると、「三〇〇〇万円の特別控除」や「一〇年超所有軽減税率の特例」といった税務上の特例を使うこともできません。

その点、**家族信託なら名義変更にかかる税金は格段に少なくなり、税務上の特例も使えます**。もともと親の財産を子が代わりに売ったり、貸したりする管理・処分のための名義変更です。財産が子に移転したわけではないので、税金がかからないのは当然といえば当然です。ただし、昭和五六年五月三一日以前に建築された実家については、「空き家の三〇〇〇万円控除」は原則、使えませんので注意が必要です。

信託した不動産は、登記では「信託」の物件であることが明記されるので、「売るときに不利になるのではないか？」「資産の評価が下がるのではないか？」と心配する人もいると思います。

しかし聡さんのケースでは、司法書士や仲介した不動産業者、買い主から逆に喜ばれ、スムーズに売却できました。高齢者との取引は、急な心変わりがあったり、病気になったりと不安定な要素が多いといわれますが、名義人の聡さんとの売買ですから、かえって安全な取引だと考えられたのでしょう。売買が完了すると、登記からは「信託」の記載が抹消され普通の財産に戻るので、何の問題もありません。

聡さんは受託者（名義人）として実家を売った後、相続時精算課税制度を使って、明男さんから「売却金」の贈与を受けました。不動産そのもので贈与を受けるよりも税負担が軽くなった分、手取り額が増えました。そのお金は、シニアマンションのローン返済はもちろん、将来の両親の介護費用などに貯めておくことができたのです。

●家族信託の「一年ルール」とは

ところで、実家が売れないまま父親（受益者）が亡くなると、この家族信託はどうなるのでしょうか。

契約者の一方が死亡したのですから、その時点で家族信託は終わると思われるでしょうが、じつはそうではありません。**どこで終えるかも契約で決められるので、家族信託を続けることができます。**

もちろん、受益者の父親が亡くなれば、その時点でみなし相続財産として、相続税の対象になります。ここでは受託者である長男がすべての受益権を取得したと仮定しましょう。その場合、長男は、「箱」と「ケーキ」の両方を持つことになります。

ただし、それは単に財産を所有している状態と同じではありません。家族信託によって、あくまでも「箱」と「ケーキ」は分かれています。いわば長男は、右手に箱、左手にケーキを持っているような状態。受益者も受託者も自分自身というちょっと不思議な信託契約を、**最長で一年間は続けることができる**のです。

「そんな状態を続けることに、何か意味があるの？」――そう思う人も多いでしょうが、じつはいろいろなメリットがあります。

たとえば、夫婦で家族信託契約をして、夫が所有する不動産を妻に信託したとしましょう。先ほどの鈴木さんのケースでいえば、明男さんと妻の咲江さんが家族信託契約を結んだと考えます（「名義」は受託者の咲江さん、「財産権」は委託者兼受益者の明男さん）。

明男さんが亡くなったときに信託を終了させて咲江さんが不動産を相続した場合、名義も財産権も咲江さんのものになり、通常の所有者となります。「自分も老い先短い」と思った咲江さんは、息子の聡さんと家族信託をしようと考えるかもしれません。

しかしそうすると、また信託契約を最初から組まなくてはなりません。そのときに咲江さんが判断能力を失っていたら、家族信託はできません。夫の死亡で（判断能力を失っている）妻への名義変更もできないので、「瞬間凍結」してしまいます。

咲江さんが元気であっても、明男さんとの家族信託を終了させるときと、聡さんへ信託させるときの二重に、手続き費用や税金がかかってしまいます。家族信託でかかる税率は通常の贈与や売買より低いとはいえ、不動産価格が大きければそれなりの金額になるでしょう。「夫婦間」信託と「母子間」信託の二度にわたってそれを払うのは、あまり賢いやり方ではありません。

それを避けるには、委託者の死亡でやみくもに終了させることなく、家族信託を続けておく必要があります。咲江さんが右手に箱、左手にケーキを持っている状態、つまりまだ名義と財産権が分離しているあいだに、「箱」のほうだけ聡さんに移転する。

こうすれば、二度目の登録免許税を課せられることなく、「母子間」の信託契約を結ぶことができるのです。

それ以外にもメリットはあるのですが、ここで大切なのは、「箱」から「ケーキ」を出した状態でひとりの人間が持てるのは一年間だけだということ。**一年が過ぎるとケーキは自動的に箱の中に入ってしまうので、再び取り出して分けるには手続き費用や税金がかかります。**

家族信託では、この「一年ルール」を忘れずに、それ以降の対策に取りかかってください。

case 4

共有状態を解消したい

父、母、息子の三人で共有している不動産。両親が認知症になっても凍結されないように、息子である自分が管理・運用できる状態にしておきたい

埼玉県在住　高橋大成さん（四九歳）

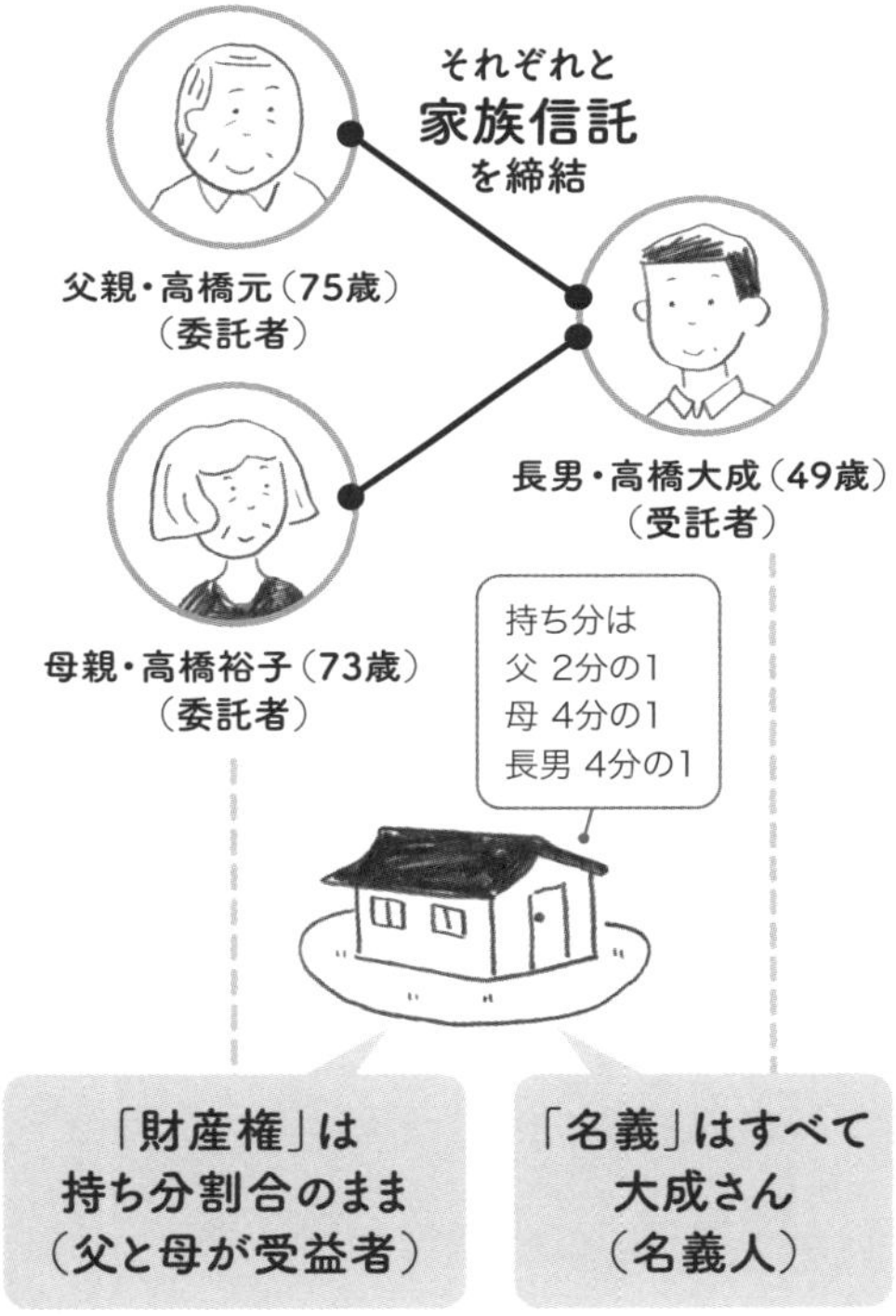

受益権は父が2分の1、母が4分の1。長男の持ち分4分の1は所有権（財産権＋名義）のまま。

父が半分、母と長男が4分の1ずつ所有する不動産。父母それぞれが、持ち分を長男に信託することで、不動産すべてが長男名義となる。

実家にかぎらず、土地や建物などの不動産は、父親と母親、親と子どもなどの共有名義になっていることがネックになって、運用が難しくなることがあります。第一章でも、母親が認知症になったため、共有名義の土地が凍結されてしまったA子さんの例を紹介しました。そんな事態に備えるのが、**「共有状態解消を目的とする家族信託」**です。

家族信託を組めば、財産権はそれぞれの持ち分のまま、名義だけを息子ひとりにまとめることができます。両親の「箱」は息子の大成さんが持ち、「ケーキ」はそのまま父親が二分の一、母親が四分の一を持つ、というわけです（息子の持ち分である四分の一は所有権のままになります）。これで、いざ両親が認知症などで判断能力を失っても、不動産の運用は大成さんが決められることになります。

大きなマンションなどを共有している場合は、財産権を持つ父親と母親がそれぞれ「自分が死んだ後は誰をケーキの持ち主にするか」を信託契約で決めておきます。認知症対策になるだけでなく、家族信託は遺言の役割も果たせるのです。

ただ、「箱」の持ち主である大成さんが三人のなかでいちばん最後まで元気でいられるという保証はありません。一般的には、父母から順番に亡くなっていくことが大半でしょうが、事故や病気などで息子が先に意思確認できない状態になったり、亡くなったりしてしまうことも十分にあり得ます。

そのため最近は、家族でひとつの法人（株式会社や一般社団法人など）をつくることが多くなってきました。受託者が法人の場合、病気や死亡の心配はありません。**不動産を共有する家族それぞれ（高橋家なら父親、母親、大成さんの三人）が、その法人とのあいだで信託契約を結ぶ**のです。

ほかにも、名義変更の心理的ハードルが下がるメリットがあります。預金や不動産を息子の名義にするとなると、とくに父親が難色を示すことがよくあります。家長としてのプライドが邪魔をする面もあるでしょう。でも、家族みんなの法人が名義人になるのであれば、意外と抵抗感が薄れるものです。たとえば、「高橋ファミリートラスト」などの法人名にすると、父親も納得することが多いです。その法人の会長や理事長に就任してもらうことで、父親の面子も立てられるのではないでしょうか。

ただし法人にした場合、法人の設立費用がかかりますし、たとえ売上がなくても均等割課税があるので、原則、毎年七万円程度の税金は納めなければなりません。

●目的に合わせてオーダーメイド

ここまで紹介したもののほかにも、家族信託にはいろいろな形があります。

たとえば、**「家督継承を目的とする家族信託」**。先祖代々、長く受け継いできた不動産や会社の株式などの財産を、子々孫々まで直系血族に継承させたい――そんな思いを形にする信託です。

この場合、まず現在の家長である父親が長男と信託契約を結びます。財産権（正式には「受益権」といいます）は「受益者（信託契約時の父親）の死亡によって消滅し、次順位の受益者が新たに取得する」と決めておきます。その上で、二番目の受益者を長男、三番目は長男の子、その次は長男の孫……といった具合に、受益者を変更する取り決めをすることで、直系血族への家督継承が約束されるのです。

二番目の受益者である長男へ受益権が移るときに遺留分（法定相続人が請求できる権利）は避けられないというのが現在の見解なので、遺留分相当の金銭をほかの相続人に用意しておくことをお勧めしています。

もうひとつ、家族信託の例を紹介しておきましょう。

最近は夫や妻に先立たれた高齢者の再婚が増えているようですが、息子や娘がそれに反対するケースも少なくありません。再婚相手に親の財産を持っていかれるのをおそれているのでしょう。

たとえば、父親と母親が苦労して守ってきた一戸建ての実家を後妻が受け継ぐのはまだ許せるとしても、その後妻が亡くなった後にそちらの連れ子がそれを継承するのは我慢ならない――そんな気持ちになる人は多いのではないでしょうか。

父親自身も、再婚はしたものの、自分の財産は実の子や孫に残したいだろうと思います。

そのためには、まず息子などを受託者、父親を受益者（一次受益者）として、死後は再婚相手に譲りたい自宅などの財産を信託します。父親が亡くなると、再婚相手（二次受益者）に受益権が移ります。そして、再婚相手が亡くなった後の三次受益者は、自分の実子になるよう決めておく。こういう信託を組んでおけば、たとえ再婚相手が自分の実子に財産を相続させる内容の遺言を書いていても、信託された財産は遺産から外れますので、再婚相手の子に渡ることはありません。

以上、この章ではさまざまな家族信託のあり方をみてきました。それぞれの家族の事情に合わせて、多種多様な信託ができることがおわかりいただけたと思います。家族みんなの思いを大切にしながら財産を守るために、多くの人々に活用してほしいものです。

第四章

もめごとに発展させない！親やきょうだいへの切り出し方

●親は自分の認知症や死を考えたくない

家族信託にかぎらず、あらゆる契約行為は、当事者に判断能力がないとできません。財産の凍結を避けるなど、前章で紹介したような目的のために家族信託を考えるなら、自分や家族が重度の認知症になってからでは手遅れです。

でも、元気なうちは危機感を持てないのが人の常。私たちのところに家族信託の相談に来られる方の多くも、「じつは最近、親がちょっとおかしいので心配になって」と、父親や母親の認知症が始まりかけたタイミングで連絡をくださいます。

もちろん、まだ自分で判断ができて、家族ともちゃんとコミュニケーションが取れる段階なら、家族信託をする上でほとんど問題はありません。しかし、家族信託を契約してから三ヵ月後ぐらいには親が会話もできない状態になってしまった……というケースも前に紹介しました。のんびり構えていると、機会を逃してしまう可能性があります。

それに、名義を書き換えてまで財産を委ねる家族信託は、本来、委託者と受託者のあいだに強い信頼関係が求められる契約です。**委託者が財産を受託者へ託して、管理や処分をしてもらおうという強い意思を持っているうちに結んでおくのが望ましいのは、いうまでもありません。**

しかし、理屈で考えればそうだとわかっていても、気持ちの上で家族信託に抵抗感を抱く人が多いのもたしかです。それはそうでしょう。自分が認知症になって物事が判断できなくなることなど、あまり考えたくはありません。

実際、娘に「万が一のために備えておかないと」と家族信託のことを持ちかけられたときに、「何だか、私が認知症にならなきゃいけないみたいな話だねぇ……」などと難色を示した母親もいるそうです。「おれはボケたりしないから大丈夫だ」などといい張って耳を貸さない人もいるでしょう。

これは、遺言についても同じことがいえます。財産をきちんと継承し、自分の死後に「争族」を起こさないようにするには、遺言の形で意思表示をしておくことが大事。それはわかっていても、息子や娘に「ちゃんと遺言を書いておいてください」といわれると、機嫌を損ねる親が少なくありません。

わざわざ遺言など書かなくても、自分の息子や娘が財産をめぐってもめごとを起こすことはない、と思いたい気持ちもあるでしょう。遺言を書くことが、わが子たちを信頼せず疑っているように子どもたちに思われかねないという考えもあるでしょう。


しかしなかには、こんなふうに子どもを怒鳴りつける父親もいると聞きました。

「おまえたちは、おれを殺す気か！」

どうやら、「遺言」と「遺書」を混同しているようです。遺言は自分の死後の財産の扱いなどを書いておくものですが、遺書は死を目前にした人が書くもの。「遺書を書いてくれ」といわれたと勘違いしたのなら、腹を立てて怒鳴りたくなるのも無理はありません。

しかし、遺書と混同してはいなくても、なかなか遺言を書こうとしない人が多いのは、やはり自分が死ぬことを考えたくないからでしょう。認知症と違って、死は誰にでも間違いなく訪れます。それでも考えるのを避け、遺言を書くことをためらうのが高齢者の心情。だとすれば、必ずなるとはかぎらない認知症に備える家族信託に対して、抵抗感を抱くのはやむを得ないといえます。

●遺言より心理的ハードルの低い家族信託

心理的には、家族信託のほうが圧倒的にハードルは低いといえるでしょう。遺言は死ぬことを前提にしていますが、家族信託には認知症対策以外にも前章で述べたようなさまざまな目的があります。それに、**遺言は「自分の死後、誰が遺産を相続するか」**という生々しい話ですが、**家族信託は「自分が生きているあいだに、自分（や家族）のために財産をどう役立てるか」**という話。そのなかで遺言と同様に、自分が亡くなった後にどう財産を引き継いでもらうかの取り決めもできるので、親もあらたまって遺言を書くよりは受け入れやすいでしょう。

実際、私のお客様にも「遺言は書きたくないのよ」とおっしゃる方がいました。相続の相談を受けたときにもらされたひとことでした。ところがその翌週、別の担当者が「認知症になったときのために」と、家族信託の契約書を持っていき説明をしたところ、その場ですぐにサインしてくれたそうです。家族信託の契約書には「遺言」という言葉は出てきませんし、不吉なイメージもありません。二〇条ほどの契約書には、その方が亡くなった後に誰が財産を引き継ぐかの条項も入っていますが、それが主ではないので、不快に思わずに済んだのでしょう。

遺言は本人が自分の希望を一方的に表明するものなのに対して、家族信託（を含む契約一般）は複数の当事者が関わります。法律行為としてのレベルは、遺言より家族信託のほうが高いといえるでしょう。ちなみに遺言は一五歳以上なら本人の意思だけで書けますが、契約行為は一八歳以上の成人でなければできません。それだけ高度な判断能力が要求されているということです。

やはり家族信託の話は判断能力のしっかりしているうちに早めに切り出して進めるべきでしょう。今は問題なく財産の運用などができていても、急に認知症になってしまったとき、それ以前の契約が問題になることもあります。

たとえば、こんなことがありました。ある軽度の認知症の高齢者が自分の土地を売った二ヵ月後に認知症が悪化したのですが、そこで裁判所が法定後見人として選任した弁護士が、「二ヵ月前の不動産売買は売り主の判断能力がなくなっていたのに、それに乗じて安い金額で売却してしまったので無効だ」と裁判を起こしたのです。**後見人は本人の財産を守ることが仕事ですから、本人が納得して決めたことであっても覆すこともある**でしょう。そんなトラブルを避けるためにも「元気なうちに家族信託」をするべきなのです。

●親をリスペクトしてプライドを傷つけないことが大事

そのためには、第一に、親に自ら積極的に家族信託をやろうという気持ちになってもらわなければいけません。強い信頼関係が家族信託の大前提ですから、無理やりハンコを押させるようなことをするのは言語道断。後でどんなトラブルになるかわかりません。

司法書士としていろいろな家族をみていて感じるのは、**家族信託であれ、遺言であれ、日頃から親御さんを大事にしている家族ほど話がスムーズに運ぶ**ということです。

息子や娘が何歳になっても、親は親。子どもは、自分が四〇代、五〇代になって知識や経験が身につき、老いた親が頼りなく感じられるようになると、つい「上から目線」の物言いをしてしまいがちですが、これはいけません。

「お父さんが認知症になっちゃったら、私たち大変なのよ！」

そんなお説教口調では、親のプライドが傷つきます。そうなると、話は先に進みません。守るべき財産を築いてくれた親への感謝とリスペクトする気持ちが必要です。

私が「これは参考になる」と思ったのは、介護のプロからうかがった話。認知症のお年寄りを相手にするときは、子ども扱いしてはいけないそうです。子どものように振る舞うことはあるけれど、本人には大人としてのプライドがあるのです。それを傷つけるとよい関係性がつくれません。

たとえば食事を終えたばかりなのに「まだ晩ご飯を食べさせてもらってない」といわれたときに、「さっき食べたばっかりでしょ！」などと叱りつけるのはダメ。相手を立てるには、まず「ごめんね」と枕ことばを入れるのが得策だそうです。その上で、「今すぐに用意するから、お茶でも飲んで待っていてくれる？」などと話していると、そのうち晩ご飯のことは忘れてしまうとのことでした。

介護施設では、認知症のお年寄りが「家に帰りたい」といい出すこともよくあるそうです。これも「あなたの居場所はここなの！」などと言下に否定してはいけません。プロはやはり「ごめんね」と謝ってから、「今タクシー呼ぶから待っていてね」「まだ家のリフォームが終わってないから、ここでもう少し待とうね」などと対応します。だますのは心苦しいところもあるでしょうが、そこは「うそも方便」というものでしょう。それよりも、相手のプライドを傷つけないことが大事なのです。

認知症ではない親なら、もっとプライドが高いでしょう。**息子や娘は親へのリスペクトを忘れずに接するのが基本だと思います**。気恥ずかしい人もいるでしょうが、日頃から「今の私たちがあるのはお父さんのおかげ」といった言葉を口にして、親を立ててください。「うちのお墓を大事に守っていくからね」などと、一家の将来のことを真剣に考えているという姿勢を見せておくのも大事です。

●人ごと、あるいは自分のこととして話題にする

どんな親にも「子どもたちに迷惑をかけたくない」という気持ちはあるものです。遺言や家族信託には消極的な態度を取りながらも、認知症になって財産が凍結されたり、死後に家族がもめたりするのは避けたいと思っていることでしょう。

もちろん、だからといって息子や娘から「迷惑をかけないでくれ」というニュアンスのことをいわれると、「おれは厄介者なのか」と反発したくもなります。ですから**子どもの側としては、さりげない形で「認知症になると何が起こるか」を話題にすることから始めてみてください。**

たとえば「このあいだ友達のお父さんが認知症になってね……」と、世間話のついでに財産凍結の例を聞かせてみるのもひとつのやり方でしょう。あるいは、「骨折で入院するとしばらく寝たきりになることもあるらしいから気をつけてね」「寝たきりになるとボケやすいらしいよ」などと、誰でも認知症になる可能性があることを伝えてみる。**第三者に起きた話であれば、抵抗なく話を聞いてくれるでしょう。**

また、老後資金や介護資金など、お金のことばかり話題にされると親も気分が悪いものです。病気やけがで長期間入院することになったり、介護が必要になったりしたときには、どう過ごしたいのか、どうしてほしいのか、親の希望を尋ねてみるのもよいと思います。

そういう話をするなかで、親自身が「そろそろこの先の財産のことも考えてみないといけないな」と思うようになり、自発的に遺言や家族信託などの行動を起こしてくれれば理想的です。

ちなみに遺言については、「先に自分が書いてしまう」というやり方もあるでしょう。親が健在でも、四〇代を過ぎれば自分の家族のために遺言を書いておくのは少しもおかしなことではありません。大した財産はなくても、自分が死んだら配偶者や子どもたちが「これはどうすればいいんだろう」と悩みそうな問題はいろいろあります。想定される問題について、あらかじめ指示をしておきたいと考えるのは当然でしょう。「僕はもう遺言を書いたよ」と子どもから聞かされれば、親の遺言に対する認識も変わるだろうと思います。自分より若い子どもが書くぐらいですから、**遺言は「もうすぐ死ぬ人」が書くものではなく、誰もがいつか必ず訪れる死に備えるために書いておくものだ**と思えるようになるのです。

また、遺言にしても家族信託にしても、家族による説得がうまくいかないときは、私たち司法書士のような専門家を使ってもらうのも有効。いくら話をしても聞く耳を持たないので家族があきらめかけていたのに、専門家があいだに入って説明をした途端、家族が拍子抜けするほどあっさりと信託を受け入れたケースもあります。

●きょうだいの態度が後で豹変することも

ところで、たとえ親が家族信託をやることに同意したとしても、それだけで「ゴーサイン」が出たとは思わないほうがいいでしょう。財産の管理や運用は、姉や弟などのきょうだいを含む親族全体の問題です。家族信託は遺言の機能も兼ね備えることが多いので、親が亡くなったときに「争族」を招く要因にもなりかねません。

契約そのものは親子間で合意すれば成立するとはいえ、家族信託の内容については親族とも相談しながら話を進めるのが基本です。勝手に契約をして事後承諾を得るようなやり方をすると、ヘソを曲げたきょうだいとトラブルになるおそれがあります。

前章では、司法書士の私も専門家として親族の集まりに出席し、承認した親族からハンコをもらったケースを紹介しました。そういうことができれば理想的でしょう。

血のつながったきょうだいからハンコをもらうのは、気が引ける人も少なくないでしょう。電話などで報告して「ああ、それでいいよ」といってもらえば十分だと思いたい気持ちはよくわかります。

でも、今は仲がよいきょうだいでも、後で相続の問題が生じると態度が豹変することは少なくありません。本人は「きょうだい同士でそんなにうるさいことはいいたくない」と思っていても、気の強い連れ合いが「黙ってちゃダメ！」などとお尻をたたくというパターンもあるでしょう。ですから、**むしろ今きょうだいとの仲がよいからこそ、きちんとした形で承諾を得ておくべきです。**

私が関わった家族でも、後できょうだいの態度が変わって裁判沙汰になりかけたことがあります。

母親と長女が家族信託を組んだ段階では、母親の介護を長女がすべて引き受ける代わりに、長男は相続時の遺産分配が少なくなることを承諾していました。ところが、それから二年も経たないうちに母親が亡くなってしまったのです。

すると、長男のほうは納得がいきません。母親の介護は五年も一〇年も続くと思っていたのに、妹の介護負担が意外に少なく済んでしまったので、自分はもっと遺産をもらって然るべきだと考えたのです。長男の嫁の意向もあったかもしれません。そのため、長女に文句をつけてきました。

しかしその長男は、家族信託の契約書に立会人としてハンコを押して、両親や長女を含めた家族といっしょに笑顔で記念写真まで撮っています。そうやってみんなで決めたことをひっくり返そうとするのですから困ったものですが、人の心とはそんなものでしょう。きょうだいの仲のよさがいつまでも変わらないと思ってはいけません。

ともあれ、長女が「でも事前にお兄さんも納得してハンコを押していますよね」と証文を示し、その写真まで見せると、その長男は何もいわなくなりました。やはり、口先の言葉だけでなく、証拠を形として残しておくことが大事なのです。

ただし、現時点できょうだい仲が悪く、親族会議を開いても話がまとまりそうもないとか、そもそも親元に寄りつかないので会議を開くこともできないような場合は、あえて相談なしで勝手に話を進め、信託契約をしたことも隠しておいたほうがいいこともあります。下手に知らせると、嫌がらせをされたり、妙なプレッシャーをかけられたりして、まとまる契約もまとまらなくなることがあります。そのあたりはケース・バイ・ケースなので、まずは専門家に相談してアドバイスを受けることから始めるのがよいでしょう。

●質問にまともに答えない専門家は信頼できない

親族との問題から契約にいたるまで、家族信託は司法書士などの専門家との連携が不可欠です。当事者には専門的な知識やノウハウがないので、信頼できる専門家を見つけられるかどうかも、上手に家族信託を行うための重要なポイントでしょう。

身近なところに司法書士の知り合いがいる人は少ないと思いますが、今はインターネットで探せば「家族信託のご相談を受け付けます」などと謳《うた》っている専門家や法律事務所などがたくさん見つかります。むしろ、たくさんありすぎて、どれを選べばよいか迷ってしまうぐらいでしょう。

そこで、**信頼できる専門家かどうかを見極めたければ、「いろいろな質問を投げかけてみる」ことをおすすめします**。

不勉強な専門家はまともに質問に答えることができません。答えの内容以前に、質問してもなかなか返事が来ないような専門家は、あまり信頼できないとみてよいと思います。

私も相談を受け付けていますが、最近は相談者のみなさんもいろいろと勉強されているので、かなり深いレベルの質問が来ることも多くなりました。資格を持つ専門家なら誰でも答えられるようなものではありません。専門用語を並べるのではなく、わかりやすくかみ砕いて説明するのは簡単ではありません。日頃からきちんと勉強していないと、お客様に満足していただけるように業務をこなすことはできないのです。

ですから、たとえ質問への答えが返っても、「あまり勉強していなさそうだな」と感じることがあれば、ほかの専門家をあたってみたほうがいいでしょう。**二〜三人でも比較してみれば、同じ資格を持っていても差があることがわかると思います。**ひとつの質問に対して、それに関連することを三つも四つも教えてくれるようなら、信頼性は大。逆に、ひとつの質問にさえ半分程度しか答えられないようでは、信頼はできません。

●家族信託の相談から契約までの流れ

家族信託にはさまざまなスタイルがあり、それぞれの財産状況や抱えている事情に合わせた「オーダーメイド」になります。家族信託契約が実行されるまでのプロセスもさまざまですが、一般的な手順は次のようになります。

★ステップ1　**家族信託の目的を明らかにする**

願いや想いの整理、財産の把握、財産を託す人・託される人・利益を受ける人の確認など

★ステップ2　**家族信託契約書を作成・締結する**

専門家へ相談・見積依頼、金融機関など関係各所との調整、契約書の作成、公証役場での手続きなど

★ステップ3　**各種手続きをする**

信託登記、金融機関で信託用の口座を開設・金銭の移動、口座振替の変更手続き、損害保険会社への連絡など

そのため、まずは自分たちが叶えたい願いや、現在の家族をめぐる状況を明らかにすることから始めましょう。チェックシート（表4－1）も参考にしてみてください。

（表4-1）家族信託活用チェックシート

ひとつでも当てはまる項目がある人は、家族信託の活用を検討してみてください。

- □財産の所有者やその配偶者が認知症になりそうだ
- □複数人の共有状態になっている不動産がある
- □親が施設に入所するときには、親（だけ）が住んでいた実家を売ったり貸したりしたい
- □親が「遺言書を書くのは縁起が悪い」と言って、なかなか書いてくれない
- □障害のある子どもの将来が心配だ
- □引きこもりの子、浪費家の家族などに、財産をまとめて相続させず、毎月定額を渡したい
- □先祖から受け継いだ不動産を直系の子から孫へと代々承継させたい
- □子どものいない夫婦。自分の死後、配偶者へ相続された財産を、最終的に自分の一族へ戻したい
- □自分の財産や実家から相続した財産を配偶者に渡したくない
- □再婚を望んでいるが、自分の死後、再婚相手に相続された財産を、その次は自分の子どもに戻したい

財産を確認して、信託したい財産を書き出してみましょう。

- 信託予定の預貯金・現金額 ＿＿＿＿＿＿＿＿ 万円
- 信託予定の不動産（固定資産評価総額） ＿＿＿＿＿＿＿＿ 万円
- 生命保険金額 ＿＿＿＿＿＿＿＿ 万円
  - ・契約者 ＿＿＿＿＿＿＿＿＿＿＿＿
  - ・被保険者 ＿＿＿＿＿＿＿＿＿＿
  - ・受取人 ＿＿＿＿＿＿＿＿＿＿＿＿
- その他の財産（　　　　　　　　　　　　　　　　）

ちなみに私たちの事務所では、「家族信託活用チェックシート」や「見積ヒアリングシート」をお客様に記入していただくことで、どのような願いをお持ちで、どのような悩みがあるのかをお知らせいただくようにしています。それに基づいて、まずは提案書を作成し、何も対策をしなかったときのリスクや家族信託のメリット、デメリット、費用はどの程度かかるかを事前にお知らせします。

そして、委託者や受託者、場合によっては親族も含めて相談しながら内容を詰めていきます。同時に、トラブルを避けるため、関係する金融機関等へ連絡して家族信託を組むことに対して内諾を得ることもあります。住宅ローンの残っている不動産の場合、家族信託で勝手に不動産名義を換えると契約違反になる可能性があるのです。

こうした手続きを経て、家族信託の契約書を作成します。ひとつの例として、信託契約書がどんなものかもお見せしておきましょう（表4－2　最低限の記載のみ。家族状況や財産に応じて作り込みが必要）。

こうした契約書は、「私署証書」として委託者と受託者が署名・捺印するか、**公証**

（表4-2）

信託契約書

収入印紙 200

甲　A

乙　B

委託者A(以下、甲という)は、本信託契約書第1条の目的を達成するため、第2条記載の委託者の財産(以下「信託財産」という)を、受託者B(以下、乙という)に信託し、受託者はこれを受託して信託契約(以下「本信託契約」という)を締結した。

第1条(信託の目的)
本信託契約は、委託者の判断能力が低下し、あるいは委託者が死亡した後においても、信託財産を円滑に管理・運用・処分すること等によって、受益者が幸福で安心した生活を送ることを目的とする。

第2条(信託財産)
本信託の目的財産は、後記目録記載の財産とする。

第3条(信託財産の管理方法)
本信託の目的財産については、受託者の裁量で一切の管理・運用・処分を行うものとする。

第4条(受益者)
本信託の当初受益者を A とし、A死亡後の二次受益者を C とする。

第5条(信託の変更及び終了)
本信託の変更及び終了については、受益者と受託者との合意をもって行うものとする。

第6条(信託終了後の残余財産の帰属)
本信託契約の終了に伴う残余財産の帰属権利者は、信託終了時の受益者 とする。

第7条(その他の事項)
本信託契約に定めのない事項については、受益者と受託者との協議によって決定する。

上記契約の成立を証するため、本契約書を作成し、甲および乙が原本各1通ずつ保有するものとする。

平成　　年　　月　　日

委託者　住所

　　　　氏名　　　　　　　　　　　　㊞

受託者　住所

　　　　氏名　　　　　　　　　　　　㊞

信託財産目録
別記のとおり(不動産の場合には、登記事項証明書等を合綴)

役場で公証人に作成してもらう「公正証書」にする必要があります。

法的な効力は私署証書も公正証書も同じですが、**公正証書にすることをおすすめします。**

私署証書にくらべると、公正証書は役場に行く手間がかかり、作成に時間や費用もかかります。しかし、当事者だけで作成できる私署証書に対して、公正証書は社会的信用性を持つ公証人が本人の意思を確認して作成するので、将来のトラブルを防ぐ意味ではこちらのほうが安全です。親族に知らせずに契約した場合、私署証書だと「お父さんが認知症になってから無理やり署名させたのではないか」などと疑われる可能性もありますが、公正証書ならその心配はほとんどありません。また、**公正証書は原本が役場に保管されるので、紛失のリスクもありません。**

●「家族信託」「任意代理・任意後見」「遺言」の三点セット

私たちの事務所では通常、**「家族信託」「任意代理・任意後見」「遺言」の三点セッ**

トをおすすめしています。

家族信託は財産管理をする役目は果たせますが、「万能」ではありません。たとえば、母と息子が家族信託を結んだとします。母の認知症が進んだときに父が亡くなったら、父の遺産分割協議を行うために後見人を立てなくてはなりません。そのときに裁判所から選任された他人（法定後見人）が割り込んでくるのを避けるため、66ページで紹介した「任意代理契約」「任意後見契約」を結んでおくと安心です。

そして、できれば「遺言」も作成しておきます。家族信託は遺言の働きも持たせられると説明しましたが、家族信託はあくまで契約日時点の財産をどうするか決めるものです。そのときに信託しなかった財産はもちろん、契約日以降に増えた財産が、相続の際にトラブルを引き起こさないように、遺言で継がせ方を決めておく必要があります。

また、本人の死亡後にお墓や仏壇を護る「祭祀主宰者」は、遺言でしか決められません。そのことを話すと案外、遺言も作成してくれる親が多いでしょう。

ここでのポイントは、「任意代理・任意後見や家族信託とセットで遺言も作成する」

ということです。任意代理・任意後見契約も、遺言も公証役場で手続きを行うので、遺言だけで手続きに行くより、はるかに抵抗感が薄れます。

これら一連の手続きにかかる費用についてもお話ししておきましょう。

なにしろ「オーダーメイド」なので契約内容によって費用にも違いがあります。なかには「家族信託は高い」という印象を持たれる方もいるようですが、契約が完了した時点で専門家の仕事が終わるわけではありません。それ以降も、信託が終了するまで長期間にわたってフォローすることになります。法定後見人が関与する不自由さや何年間も報酬を払い続けることにくらべれば、心おだやかに財産を守ることができますので、その点はご理解いただきたいと思います。

第五章

親が認知症になっても財産対策をあきらめないで

●認知症の診断で慌てて後見人をつけるのは拙速

ここまで本書では、おもに認知症による財産の凍結を防ぐ方法についてお話ししてきました。何度もくり返したとおり、財産を守るための認知症対策は、元気なうちに、しっかりとした判断に基づいて講じておくのがベストです。認知症などで判断能力を失ってからでは、財産の凍結や法定後見人の介入は避けられません。そのことは、すでによくわかっていただけたと思います。

とはいえ、**医師から認知症の診断を下されたらもう手遅れかというと、決してそんなことはありません**。認知症だとわかった時点で「これでは財産が凍結されてしまう」と思い込み、慌てて法定後見人をつけてしまう人もいますが、それは拙速というもの。事実、よく事情を知らないまま裁判所の選んだ後見人を立てた後で、財産が「赤の他人」に管理されることがわかり、「こんなことになるとは思わなかった」と後悔する人はたくさんいます。

まず、預貯金が凍結されるかどうかは、認知症の診断書があるかどうかとは関係ありません。**あくまでも、銀行の窓口で本人の意思確認ができるかどうかが判断基準です。**たとえ認知症の診断を受けていても、症状の程度が軽く、コミュニケーションを取ることさえできれば、ふつうは問題ありません。

前にお話ししたとおり、銀行は注意義務をしっかりと払いたいので本人確認を以前より厳しくしていますが、その一方、社会の高齢化に伴って、窓口でのハードルを下げている面もあります。おそらく、「自分で名前が書けない人はダメ」などと厳しいことをいうと、預金を引き出せないケースが増えすぎて、顧客からのクレーム対応が大変なことになってしまうのでしょう。

そのため最近は、窓口で名前を書かなくても手続きができる金融機関も出てきました。手続きのメニューがタッチパネルに表示されるので、指示どおりに指で触れるだけで意思表示ができるのです。

「ご解約なさいますか？」

「はい」

「では、こちらの解約のボタンを押してください」

これぐらいなら、いくらか認知症が疑われるような状態だとしても、クリアできるでしょう。

●クレームのつく可能性のある契約はできるだけ証拠を残す

そもそも認知症は「正常」との境目がはっきりとあるものではなく、その症状にもかなりの幅があります。認知症の予防のために、まだ症状が出ていなくても認知症の薬が効く患者に対して、医師が認知症の診断書を書かざるを得ないケースもあるでしょう。

信託契約や遺言などの法律行為にも、認められるかどうかの「グレーゾーン」はあります。認知症と診断されたからといってあきらめる必要はありません。家庭裁判所や公証役場も、寝たきりで話もできないような状態ならともかく、意思の確認ができ、コミュニケーションが取れれば「判断能力あり」と認めてくれます。

ただ、認知症の診断が出ている状態で信託契約を結ぶと、家族信託のことを知らされていなかった親族からクレームがつく可能性もあるでしょう。「お父さんは判断能力がなかったのだから、この契約は無効だ」「おまえが無理やりハンコを押させたんだろう」などといわれかねません。

そのリスクを回避するには、まず、**契約書を当事者の署名・捺印のみの「私署証書」にせず、「公正証書」にしておくこと**が大事。公証人が「判断能力あり」と認めた契約にはそれだけの信頼性があります。

それに加えて、診察した医師のほうで診断書に「契約能力あり」と書き添えてもらうと有効でしょう。診断名は認知症でも、こうして医師のお墨付きを得ておくと、法的に大きな意味があります。公証人が認めた上に、医師が「契約能力あり」と確約したものを、裁判でひっくり返すのは容易ではありません。

いずれにしろ、後でどこかからクレームがつくおそれのある契約は、**できるかぎり多くの証人や証拠を残しておくことが大事です**。

昔からきょうだい仲が悪く、何かともめることの多い家族の場合、遺言や家族信託契約の前と後に医師の診断書をとることもあります。というのも、契約前に「契約能力があった」ことを示す証拠があっても、「その診断の後で認知症になったのではないか」といわれかねません。何日かのタイムラグはあるので、ハンコを押した瞬間に契約能力があったかどうかは厳密には証明できないわけです。

しかし契約後の診断書でも「契約能力あり」となれば、契約時の判断能力には問題がなかったことになるでしょう。契約の前後は判断能力があったのに、契約したその日だけ判断能力を失うなどということは、常識的にはあり得ません。

●立て替えたお金の証拠の残し方

そこまでしなければいけないのか……と思う人もいるでしょう。でも、本書の冒頭でも申し上げたとおり、今の日本社会は昔とくらべて人々の権利意識が高まりました。米国ほどの「訴訟社会」ではないとしても、親族同士でも遠慮なしに訴訟を起こす風潮は間違いなく強まっているといえるでしょう。

家族信託契約ではありませんが、遺言をめぐってはこんなトラブルがありました。配偶者も子どももいない姉の面倒をみていた妹のD子さんが、姉に公証役場で公正証書遺言を作成してもらったそうです。自分とも姉とも折り合いのよくない兄には、知らせていませんでした。

ところが、姉が世話になっている施設の職員から情報がもれてしまったのです。「その日、お姉さんは外出していました。公証役場へ行って遺言を作られたとか……」と聞かされた兄は、すぐに行動を起こしました。数日後に姉を連れ出して、病院で認知症の検査を受けさせたのです。

この検査では、認知症の病名を記された診断書が提出されました。そのため兄は「判断能力がない状態で書かされたのだから、この遺言は無効だ」として訴訟を起こしたのです。

このように公正証書でも遺言の有効無効をめぐる裁判が起こされる可能性はありま

す。兄弟姉妹のみが相続人ですと、遺留分制度の対象にはならないので、遺言そのものを争うしかありません。

結果的に、この訴えは裁判所に退けられました。D子さんの弁護士が、姉は軽度の認知症ではあったけれども判断能力を失っていたわけではないこと、遺言作成の前から姉が遺言内容と同じことを望んでいたとわかる証拠をいろいろと集めて提出したことで、その遺言は姉の意思に基づくものだと認められたのです。

しかし、公正証書遺言だからといって、安心はできません。早め早めの対策を行った上で、残せるだけの証拠を残しておかなければいけません。備えあれば憂いなし、です。

やや話は違いますが、証拠を残すといえば、親の介護費用などを立て替えて支払うときも、注意が必要です。

残念ながら親が認知症になって銀行口座が凍結されてしまった場合、やむを得ず息子や娘が自分のお金で立て替えて親の面倒をみることがあります。蓄えのある子どももなら、法定後見人を申し立てるより、立て替えを選ぶことが多いと思います。いずれ親が亡くなった後に遺産のなかからそれを返してもらえばいいと考えるのです。

しかしそのとき、たしかに**立て替えたことを示す証拠がないと、ほかの相続人たちに信用してもらえない可能性があります。必ず領収書を残して、立て替えの明細をしっかりと記録しておきましょう。**

親から暗証番号を教えてもらって、キャッシュカードやクレジットカードで支払いを代行する場合も同じです。領収書と明細を残しておき、すべて説明できるようにしておくことで、トラブルの芽を摘んでおくのです。

ところで、民法には次のような規定があります。

「直系血族及び兄弟姉妹は、互いに扶養をする義務がある」

つまり、親子はお互いに扶養義務があるので、子どもが親の面倒をみるのは当然のこと、という意味です。このため、**子どもが親の介護のためにお金を立て替えても、扶養義務と主張されてしまい、親への貸付金と認められない、相続の際にも考慮され**

ず、相続税が多くかかってしまう可能性があるのです。やはり、立て替えをしなくて済むよう、事前に対策を立てておくことが望ましいでしょう。

●「七〇歳の誕生日までに家族信託」を世間の常識に

ともあれ、遺言や家族信託が可能な判断能力があるかどうかにはグレーゾーンがあります。親が「認知症っぽい」というだけであきらめることはありません。逆にいえば、グレーゾーンがあるからこそ、トラブルが起きる余地もあるといえます。

年老いた親のなかには、病院に行くほど深刻な状態ではないけれど、物忘れがひどくなったり、うっかりミスを頻繁に起こしてしまったりするようになった人がいるでしょう。生活に対する意欲もなくなってきて、何をするのも面倒になり、身の回りのことが息子や娘に任せきりになっているケースも多いと思います。

そうなると、周囲は当然ながら真剣に家族信託などの財産凍結に備えた対策を考えなければいけません。

しかし、まだ病院で診察は受けていないとはいえ、「グレーゾーン」に入っているといえるため、後から「あのときのお父さんはもうボケていた」と親族からいわれ、契約の無効を訴えられてしまう可能性もあります。

用心深く行動するなら、ちょっと早いと思っても病院で診察を受け、まだ認知症ではないこと、たとえ軽い認知症であっても契約能力はあることなどを明記した診断書をもらっておいたほうがいいでしょう。

そこで壁になるのはやはり「親のプライド」です。周囲からみても「まだ病院に行くほどじゃないよね」と思える状態の親に、認知症の診察を受けさせるのは簡単ではありません。なにしろ「認知症対策のために家族信託を」と持ちかけただけでも抵抗する親が多いのです。

「おれはまだボケてなんかいない！」

そういって、怒り出す人もいるかもしれません。周囲も「病院に行ってくれ」とは切り出しにくいだろうと思います。

そう考えると、**認知症対策としての家族信託を多くの人々が有効に活用するために求められるのは、最終的には高齢者自身の「自覚」ではないでしょうか。**

これだけ認知症患者が増え、広く社会問題にもなっているのですから、「自分だけは認知症とは無縁だ」などと考えるのは間違っています。誰でもその可能性があることを前提に、残りの人生設計をする必要があります。家族に迷惑をかけたくない気持ちがあるなら、なおさらそうです。

本書は基本的に「認知症リスクのある親を持つ人」に向けて書いてきましたが、そういう意味では、「認知症リスクの高まってきた人」自身にも読んでほしいと思います。自ら「そろそろ認知症対策をしておこう」と考えるようになれば、周囲の家族にとってこんなに安心なことはありません。

しかし世間の人々の意識をそのように変えるには、この新しい家族信託制度の認知度がもっと高まり、「財産を守るのに役に立つ」という事実が広く知られるようになることも必要でしょう。そして家族信託の成功事例が増えれば増えるほど、「だったら自分もやってみよう」と考える方が増えるのではないでしょうか。

読者のみなさんには、本書で仕入れた知識をもとにして、どんどん家族信託を利用していただきたいと思います。そうすれば、いずれ近いうちに、「元気なうちに家族信託をするのが当たり前」の世の中になるでしょう。

認知症にならなくても、家族信託で財産を守る態勢を整えておけば、先々の心配をすることなく、安らかな気持ちで晩年を迎えた人生を過ごすことができます。いわば保険に入るのと同じようなもの。転ばぬ先の杖として、**「七〇歳の誕生日までに家族信託」**が世間の常識になればよいと思っています。

キーワードひとこと解説

あ

委託者（いたくしゃ）

信託する財産の所有者。信託契約などで自分の財産を信頼できる受託者に託す。

か

家族信託（かぞくしんたく）

財産権は保有したまま、財産の「名義」を信頼できる相手に変更し、財産管理を任せる仕組み。「信託法」という法律に基づく、私人同士の契約行為で、民事信託などともいう。

後見監督人（こうけんかんとくにん）

任意後見人が適切に働いているかチェックする人。弁護士や司法書士などの専門家が裁判所に選任される。任意後見人が不適切だと判断したら、解任を申し立てることもできる。

さ

自益信託（じえきしんたく）

財産の管理を託す人（委託者）と、その財産から生まれる利益を受け取る人（受益者）が同じ場合の信託。

受益者（じゅえきしゃ）

信託契約が結ばれて、信託された財産から生まれた利益を受け取る人。通常は「委託者＝受益者」。受益者が亡くなると二次受益者へ、二次受益者が亡くなると三次受益者へと、受益者の死亡により受益権を継承させることもできる。

受益者代理人（じゅえきしゃだいりにん）

受益者の権利を守ったり、受託者を監督したりするなど、受益者に代わって権限を行使できる。ただし、信託契約であらかじめ受益者代理人について定めておくことが必要。

受贈者（じゅぞうしゃ）

贈与契約において、財産などの贈与を受ける人。贈与は、与える人の意思表示と受贈者の受諾がないと成立しない。

受託者（じゅたくしゃ）

信託契約を結んで、委託者から財産を託された人。信託された財産を「受益者」のために管理・運用する。

所有権（しょゆうけん）

モノを自由に使ったり処分したりする権利。本書ではとくに、財産権と名義をあわせ持った権利としている。

信託監督人（しんたくかんとくにん）

受託者を監督する人。受益者代理人と異なり、監督のみを行う。信託契約で決めておくか、裁判所に決めてもらうことも可。

成年後見制度（せいねんこうけんせいど）

認知症や精神障害などで判断能力が不十分になった人を、本人に代わって判断する「成年後見人」を立てることによって、法律面や生活面で支援する制度。法定後見制度と任意後見制度の二つがある。

成年後見人（せいねんこうけんにん）

成年後見制度に基づいて、判断能力が不十分になった場合、本人に代わって判断をする人。

た

他益信託（たえきしんたく）

財産の管理を託す人（委託者）と、その財産から生まれる利益を受け取る人（受益者）が異なる場合の信託。

な

任意後見制度（にんいこうけんせいど）

成年後見制度のひとつ。元気なうちに、「判断能力が低下したときは、法律面や生活面の判断をこの人に任せる」と自分で決めておく。

任意後見人（にんいこうけんにん）

任意後見制度に基づいて、本人（被後見人）が選任した後見人。任意後見契約を結んだ段階では受任者で、判断能力を失って任意後見契約が発効してはじめて、後見人としての役割が始まる。

任意代理契約（にんいだいりけいやく）

元気なうちから「この人に任せる」と包括的に代理権を与えることができる委任契約。この代理人のことを任意代理人という。

は

法定後見制度（ほうていこうけんせいど）

成年後見制度のひとつ。すでに判断能力を失った人に対して、裁判所が後見人を決定して保護する。

法定後見人（ほうていこうけんにん）

法定後見制度に基づいて、裁判所が選任した後見人。

参考資料

『空き家にさせない！「実家信託」』（杉谷範子著　日本法令）

『親が認知症になる前に知っておきたいお金の話』（横手彰太著　ダイヤモンド社）

「成年後見制度の現状」（令和6年　内閣府）

「成年後見・保佐・補助申立の手引」（令和2年　東京家庭裁判所後見センター）

親《おや》が認知症《にんちしょう》になると「親《おや》の介護《かいご》に
親《おや》の財産《ざいさん》が使《つか》えない」って本当《ほんとう》ですか？

資産凍結される前に知っておきたい「家族信託」

2024年11月30日　　初版発行

著　者……杉谷範子《すぎたにのりこ》
発行者……塚田太郎
発行所……株式会社大和出版
東京都文京区音羽1-26-11　〒112-0013
電話　営業部03-5978-8121／編集部03-5978-8131
https://daiwashuppan.com
印刷所……誠宏印刷株式会社
製本所……株式会社積信堂
装幀者……斉藤よしのぶ
装画者……あいかさくら

ISBN978-4-8047-1914-6

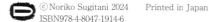